KB117250

스타벅스를 벤치마킹하라

스타벅스를 벤치마킹하라

기획 책아책아
지은이 김영한
펴낸이 임상진
펴낸곳 (주)넥서스

초판 1쇄 발행 2003년 10월 6일
초판 50쇄 발행 2018년 9월 15일

2판 1쇄 발행 2020년 12월 10일
2판 7쇄 발행 2024년 12월 5일

출판신고 1992년 4월 3일 제311-2002-2호
10880 경기도 파주시 지목로 5
Tel (02)330-5500 Fax (02)330-5555
ISBN 979-11-91209-29-7   03320

www.nexusbook.com

힙스터를 사로잡는 77가지 감성 마케팅

스타벅스를
벤치마킹하라

책아책아 기획 | 김영한 지음

넥서스BOOKS

1982년 삼성전자와 휴렛팩커드(HP)가 합작 회사를 만들었을 때의 일이다. 당시 HP는 그들 방식의 매니지먼트를 요구했고 삼성 측에서는 삼성 방식으로 경영할 것을 원했다.

그러나 양쪽 회사 간의 의견 차가 좁혀지지 않은 채 이병철 회장에게 이런 사실이 보고되었고, 결국 한국 HP의 사장과 회장실에서 면담을 가졌다. 그때 필자도 배석을 했었는데, 이 회장은 면담 자리에서 이런 말을 남겼다.

"설탕이나 텔레비전은 우리가 잘 만들고 잘 팔지 모르나, 컴퓨터와 같은 첨단 제품은 HP가 월등하게 잘 만들고 또한 잘 팔 것이다. 우리 회사는 컴퓨터 사업을 어떻게 해야 하는지 HP를 통해 배우려고 합작 회사를 만드는 것이다. 그러려면 HP에 경영권을 넘겨주고 그들이 어떻게 하는지 보고 배워야 나중에라도 우리 힘으로 첨단 산업을 키울 수 있다. 마치 어항 속의 금붕어를 보듯이 그들이 어떻게 경영을 하는지 그대로 보고 배워야 한다."

그 후 HP는 한국에서 가장 성공한 외국인 투자 기업이 되었고 삼성전자는 세계 초일류 정보통신 회사로 거듭나게 되었다. 우리나라 기업들은 지난 40여 년 동안, 일본과 미국으로부터 제조업의 운영 노하우를 터득하여 이제는 세계 일류 기업으로 성장하였다. 그러나 서비스업과 유통업 분야에서는 아직 세계적으로 인정을 받는 기업을 찾아보기 힘들다. 서비스업과 유통업은 인적 자원의 의존도가 극히 높아서 표준화도 힘들뿐더러 서비스 품질의 균일화도 어려운 실정이다.

서비스업에서 성공하려면 어떻게 해야 좋을지 이렇다 하게 벤치마킹할 만한 기업도 드물었다. 아무리 우수한 기업이라 해도 우리나라와 실정이 다른 외국의 성공 사례를 우리가 소화하기에는 무리가 따르는 법이다.

스타벅스는 외국 서비스업체가 국내에 상륙하여 성공한 대표적인 예라고 할 수 있다. 스타벅스는 누구나 할 수 있는 커피숍을 조금 다른 방식으로 운영한다. 똑같은 커피를 파는 곳인데도 기존의 방식과는 다른 방법으로 점포를 경영하고 마케팅을 펼친다.

1999년 당시 국내에 처음 진출할 때만 해도 그저 좀 색다른 커피숍이 하나 생겼구나 하는 정도였으나, 불과 4년 만에 국내에 입점한 점포 수가 75개에 육박했고, 현재는 1,400여 개의 점포를 운영하고 있다. 물론 점포의 개수가 늘었다는 사실도 중요하지만, 무엇보다도 주목해야 할 점은 스타벅스 마니아층이 계속 늘고 있다는 것이다. 이러한 현상은 그대로 매출로 이어져 꾸준한 성장세를 보이고 있다. 그렇다면 주변에서 한결같이 불황이다, 어렵다고 하는 때에도 스타벅스는 어떻게 성장세를 계속 유지할 수 있었을까?

이런 의문점이 바로 이 책을 쓰게 된 동기이다. 스타벅스는 다른 업체와 무엇이 다르기에 불황에도 고객의 사랑을 받는 것일까? 그리고 직원들을 그토록 열정적으로 일하게 만드는 힘의 근원은 무엇일까? 과거 고 이병철 회장이 하신 말씀이 새삼 떠오른다.

'어항의 금붕어'를 관찰하는 것처럼 스타벅스를 보고 배울 점이 무엇인가?

세계 초일류 기업이 한국에 진출했다고 해서 다 성공하는 것은 아닐 것이다. 그간 많은 외국 기업들이 오랫동안 고전을 면치 못하거나 아예 철수해버린 전례들도 있다. 스타벅스는 세계 초일류 기업이면서 동시에 한국이란 토양에 적응을 잘해서 뿌리를 내린 기업이다. 이렇게 자리를 잡게 된 과정에는 스타벅스 코리아의 협력사인 신세계 그룹도 큰 몫을 담당했다. 한마디로 미국의 시스템과 한국의 문화를 조화롭게 접목시켜 서비스 산업의 새로운 경영 교과서를 만들어냈다고 평가할 수 있다.

필자는 경영대학원의 강의 준비를 위해 성공 사례를 정리하던 중 스타벅스의 양재선 마케팅 팀장을 만나게 되었다. 매장에서 눈으로 직접 보고 느낀 것을 물어보고 자료를 모으면서 내내, 이것은 단순한 사례 연구 수준에서 사장시킬 것이 아니라 책으로 묶어 내야겠다고 생각했다.

20여 군데 매장을 둘러보고 고객들을 만나 인터뷰를 하고, 인터넷 커뮤니티에 올라온 글들을 보면서 마케팅 노하우를 정리하였다. 이런 자료들을 정리하다 보니 금세 50가지의 노하우가 모였다. 그러던 것이 60가지, 70가지에서 77가지로 정리되었다. 다시 이것을 마케팅 전략 체계에 따라 분류하여 상호 연관성을 갖도록 재정리하였다.

여기에 담긴 감성 마케팅 77가지는 커피숍 운영에만 한정된 이야기가 아니라 고객을 맞이하는 서비스업 분야 어느 점포라도 최소한 30가지 정도는 도움이 될 것이다. 점포뿐만 아니라 감성 마케팅에 관심이 있는 기업이나, 감성 사원을 배양해야 하는 관리자들에게도 도움이 될 만한 메시지가 많이 담겨 있다.

이렇듯 국내에서 감성 마케팅 사례를 정리할 수 있었던 것은 스타벅스의 열정적인 스텝들의 도움 없이는 불가능했을 것이다. 이 자리를 빌려 전 스텝들에게 감사의 말을 전한다.

글 · 김영한

산중턱에 걸린 구름 속에 있을 때는 자신이 어디 있는지, 구름의 모양이 어떻게 생겼는지 알 수 없다. 그동안 열심히 뛰어다니기는 했지만, 정작 우리의 모습이 어떻게 생겼는지 다른 사람들에게 어떻게 비치고 있는지는 생각할 겨를조차 없었다.

그러던 차에 김영한 교수가 스타벅스의 경영 이야기를 비롯하여 한국에 입점하여 마케팅을 어떻게 해왔는지 등을 일목요연하게 정리해주어서 진심으로 고맙게 생각한다. 잠시 우리가 지나온 모습을 되돌아볼 수 있는 기회가 되었다. 아울러 앞으로도 보다 좋은 품질과 나은 서비스를 위해서 해야 할 일들이 산적해 있음을 깨닫는 소중한 계기가 되었다.

불황에도 불구하고 스타벅스가 꾸준히 성장할 수 있었던 것은 확실한 콘셉트, 절대적인 품질 추구, 마음이 담긴 고객 서비스가 있었기에 가능했다고 생각한다. 당사의 마케팅 전략이 국내 고객에게도 인정을 받아 이제는 새로운 커피 문화를 선도하는 기업이 되었다.

사람을 중심에 두어야 하는 서비스업을 하면서 가장 어려운 점은 직원들을 훌륭한 서비스맨으로 교육시키는 것이다. 여러 곳의 매장에서 서비스 품질을 적정 수준으로 유지한다는 게 그리 쉬운 일이 아니기 때문이다.

미국 본토에서는 성공을 거둔 서비스라고 하더라도, 우리 문화에 제대로 적응하지 못한 부분들도 더러 있었다. 하지만 항상 고객의 기호를 파악하면서 내부 스텝들과 어떻게 조화시키고 적응해갈 것인가를 끊임없이 연구했고, 또 하고 있다.

우리의 마케팅 전략은 비단 커피숍뿐만 아니라 고객 서비스가 필요한 곳에서도 얼마든지 응용 가능한 요소들이 많다고 생각한다. 특히 감성 세대를 대상으로 마케팅을 펴는 마케터들이나 감성 세대를 직원으로 관리해야 하는 리더들은 눈여겨볼 만한 내용들이라 할 수 있다.

스타벅스는 미국 시애틀의 작은 커피숍에서 출발하여 지금은 세계적인 커피 브랜드로 성장하였다. 우리나라의 서비스업이나 매장 경영 분야에서도 세계적인 성공 사례가 나오기를 기대한다.

스타벅스 커피 코리아
마케팅 책임자 · 양재선

Contents

PART 1
감성 세대를 잡아라

01

젊은 여성을 공략하라

톰 크루즈가 주연한 〈칵테일(Cocktail)〉이라는 영화가 몇 년 전에 상영되어 특히 젊은 여성 관객들에게 큰 인기를 끌었다. 젊은 미남 배우인 톰 크루즈가 나왔다는 점에서도 인기를 끌기에 충분했지만, 칵테일 바를 운영하는 주인공의 스토리가 영화의 재미를 더하는 데도 한몫 했었다. 이 영화에서 칵테일 바를 운영하는 주인공인 톰 크루즈는 이런 말을 했다.

"상점을 제대로 운영하려면 먼저 젊은 여성들을 손님으로 끌어들여야 한다. 그러면 그 여성들을 따라서 남성들이 제 발로 찾아오게 된다."

점포란 무릇 칵테일 바든, 커피숍이든 물건을 파는 점포든 핵심 고객이 있어야 한다. 이 핵심 고객이 축이 되어서 그들과 연관된 다른 고객들이 모여들게 된다.

당연히 칵테일 바에서 가장 좋은 손님은 젊은 여성들이다. 이 여성 고객들이 어떤 칵테일을 좋아하고, 어떤 분위기에서 칵테일을 마시길 원하는지 제대로 알아야 한다. 영화의 주인공인 톰 크루즈는 일차적으로 주고객인 여성들의 입맛에 맞는 칵테일 기술을 터득하기 위해 노력하면서, 여성 고객들에게 볼거리를 제공하기 위해 술병을 던지고 멋있게 믹스하는 솜씨를 부지런히 연마한다. 아울러 젊은 여성들에게 매력적으로 보이기 위해 헤어스타일과 패션에도 신경을 쓴다.

주인공은 여기서 멈추지 않는다. 더 나아가 여성 고객 하나하나에 대해 세심한 신경을 쓰고 대화를 나누며 최선을 다해서 재미있고 즐거운 서비스를 한다. 그 후 젊은 여성들의 폭발적인 인기를 한 몸에 받게 되고, 칵테일 바에는 자연스럽게 남성 고객들까지 붐비게 된다.

이 영화의 주인공처럼 스타벅스는 전혀 새로울 것이 없는 커피숍이지만 커피의 품질, 점포의 디자인, 서비스 방법 등에서 여느 매장과 차별화를 두었다.

가장 먼저 염두에 둔 것은 제품의 차별화였다. 지금까지 팔았던 보통 수준의 커피가 아니라 고급 원료를 사용하는 카푸치노와 같은 커피. 그런 다음 이 새로운 커피를 과연 누가 마실 것인가를 생각하였고, 그 고객들이 어떠한 환경에서 이 새로운 커피를 마시길 원할 것인지 디자인하기에 이르렀다.

스타벅스 커피숍을 현재와 같은 모습으로 디자인한 하워드 슐츠 회장은 당시를 이렇게 회고하고 있다.

"커피를 즐기는 사람들이 꼭 집에서 원두 커피를 직접 갈고 추출해서 마실 필요는 없다. 이탈리아에서처럼 커피의 신비로움과 로맨스를 커피 바에서 곧바로 느낄 수 있도록 해야 한다. 그래야만 고객과 스타벅스 사이에 강력한 유대관계가 형성될 것이다. 이런 사실을 깨달은 건 마치 신의 계시와도 같은 일이었다. 그 순간 너무도 흥분되고 눈에 확연히 보이는 일이었기 때문에 나는 부르르 떨 정도로 가슴이 벅차 올랐다."

스타벅스는 상표의 상징까지 여성으로 만들 만큼 핵심 고객인 젊은 여성들을 유도하기 위한 마케팅 활동을 적극적으로 펼친다. 그래서 광화문이나 삼성역 근처에 있는 스타벅스 매장 어디를 가나 항상 젊은 여성들로 붐비고 있다.

매장을 둘러보면 전체 고객의 70% 정도가 젊은 여성들이다. 젊은 여성들이 주 고객이고, 젊은 남성 직원들이 서비스를 한다.

우리나라에서 흔히 볼 수 있는 전통적인 다방에서도 같은 커피를 팔고 있지만, 전혀 다른 방식으로 서비스를 하고 있다. 주고객은 4,50대 중년 남성이고 2,30대의 젊은 여성들이 서비스를 전담한다. 모든 서비스가 중년 남성들 위주로 이루어지고 있는 이런 분위기의 다방에 젊은 여성들이 들어가고 싶겠는가?

황금 소비 계층이라 할 수 있는 젊은 여성들이 찾지 않는 점포는 어떤 분야든 지속적으로 성장하기 어렵다. 이제 전통적인 모습의 다방들은 어떤 변화를 시도해야 한다. 커피 시장의 황금 고객인 젊은 여성들을 어떻게 끌어들일 것인가를 다시금 생각해보아야 할 때이다.

젊은 여성은 감성 소비의 여왕이다
여성의 사회 진출이 늘면서 젊은 여성들이 새로운 소비를 주도하고 있다. 이들은 예쁘고, 재미있고, 자기 개성에 어울리는 감성적인 소비를 즐긴다.

02

감성 세대의 금맥을 찾아라

인터넷이 국내에 도입되면서 인터넷 기업들이 우후죽순 생겨났고, 한때 이들에게 투자자가 몰리는 닷컴 버블 시대가 있었다. 투자를 받은 인터넷 회사들은 회원 수를 늘리는 데 엄청난 돈을 들였고, 순식간에 회원이 몇 백만에서 몇 천만 명을 넘어섰다.

그러나 이렇게 몇 백만 명의 회원을 자랑하던 회사들도 한 순간에 무더기로 도산해버렸다. 대부분의 회원들이 무료 회원으로 가입비를 지불하지 않았기 때문에 오히려 회사를 무너뜨리는 요인으로 작용했던 것. 고객이라고 해서 다 고객이 아니라는 사실을 입증한 셈이다.

어떤 물건이든지 필요(need)에 따라 적절한 비용, 즉 돈을 지불하는 사람이 진정한 고객이다. 물론 닷컴 회사의 회원 확보는 필요한 사안이었는지 모르나 대부분 돈을 지불하지 않는 회원이었기 때문에 좋은 고객이라고 볼 수 없다.

이와는 반대로 비용을 지불할 능력은 있지만 필요성을 느끼지 않는다면 이

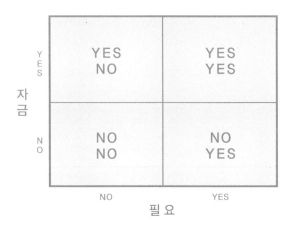

	YES	NO	YES
YES	YES NO		YES YES
자금			
NO	NO NO		NO YES
	NO		YES
		필요	

구매에 있어서 자금과 필요의 상관관계

역시 좋은 고객이라 할 수 없다. 예를 들어, 중년 이상의 부유층이 많이 사는 지역에서는 스키 장비를 반값에 세일한다고 해도 잘 팔리지 않는다. 정작 지불 능력을 갖춘 대상들이 자신들을 위해서 스키 장비를 구입하지는 않을 것이기 때문이다. 이들은 스키 장비보다는 골프 장비가 더 필요한 계층이므로 굳이 필요하지 않는 스키 장비를 싸다는 이유만으로는 구입하지 않을 것이다.

각설하고 마케팅의 기본은 일단 필요가 있고 지불 의사를 가지고 있는 고객층을 개발하는 데 있다. 커피는 기호 식품이기 때문에 어떤 사람은 전혀 마시지 않을 것이고, 또 어떤 사람은 하루에도 4~5잔씩 마시기도 한다.

그러므로 커피숍은 하루에도 커피를 여러 잔 마시면서 비용을 지불할 능력을 갖추고 있는 사람들을 핵심 고객으로 삼아야 한다. 나이가 지긋한 중년들은 대개 하루에 커피를 1~2잔 정도밖에 마시지 않으며 그것도 오랫동안 길들여진 다방 커피나 인스턴트 커피를 즐긴다. 반면에 젊은이들은 보통 하루에 4~5잔씩 마시되 입맛에 맞는 커피를 골라서 마시는 경향을 보인다.

예전의 젊은이들도 고품질 커피에 대한 가치는 알고 있었지만 주머니 사정이 여의치 않아 지불 능력이 따라주지 않았다. 그래서 주로 부모에게 용돈을 타서 쓰던 시절의 젊은이들은, 고급 커피를 마신다는 것 자체를 부담스러워 했지만 요즘은 대부분 어느 정도의 자금을 확보하고 있다.

아르바이트, 장사, 프리랜서 등을 하면서 웬만한 유흥비는 벌 수 있는 환경이 조성되었기 때문에 자신이 좋아하는 것을 구매하고 소비할 수 있는 여력이 생겼다고 볼 수 있다.

한때는 이들에게도 고급 커피, 분위기 있는 카페나 커피숍은 그림의 떡이었던 시절이 있었지만, 이제는 부담 없이 선택할 수 있게 된 것이다. 오히려 가벼운 사치를 즐기는 여유까지도 생겼다. 심지어는 명품을 쫓는 젊은 세대들도 늘어나고 있는 실정이다.

이렇듯 시대가 변하고 고객의 취향과 습성도 변하고 있다. 마케팅이란 이처럼 빠르게 변화하는 시장의 틈새를 찾아내고 새로운 고객들을 개발해나가는 것이다.

스타벅스는 바로 이처럼 시의 적절한 때에 감성 세대들에 접근하는 마케팅을 펼쳤고 단시간에 그들의 생활 속으로 깊숙하게 파고 들었다. 고급 커피의 필요성을 느끼고 지불 의사가 확실한 감성 세대의 금맥을 찾아낸 것이다.

감성 세대에게 불황은 없다
소득이 생기면 가족을 위해서 써야 한다는 기성 세대와는 달리, 감성 세대는 개인을 위한 소비를 주로 한다. 기존의 제품에 감성을 넣어서 이들을 잡을 수 있는 새로운 비즈니스와 신상품을 개발하라.

03

타깃을 철저히 연구하라

집에서 편하게 영화를 볼 수 있는 **VTR**이 널리 보급되면서, 비디오점이 성업을 이루게 되자 극장은 급속도로 사양 산업화되어 무수한 극장들이 문을 닫았다.

그러나 최근에 여러 개의 영화를 동시에 상영하는 멀티플랙스 형의 대형 극장들이 등장하면서, 영화 산업이 고속 성장을 하고 있다. 영화를 보면서 여러 가지 엔터테인먼트를 동시에 즐기려는 젊은 세대들이 몰리고 있기 때문이다.

서울 강남의 코엑스에 위치한 메가박스 극장에는 하루에 3만 명의 감성 세대들이 몰리기도 한다. 이 메가박스 극장 안에는 스타벅스 매장이 있다. 감성 세대가 몰리는 곳에는 어김없이 스타벅스가 있음을 알 수 있다.

우리나라 감성 세대들의 중심을 이루는 연령층은 일반적으로 19~25세 정도의 대학생이거나 사회 초년병들이다. 이들의 사고 방식, 가치관, 행동 양식, 소비 습관을 집중 연구하여 반응을 적극 수렴한 업종이나 기업들은 성장세를 타고 있다. 이들은 그동안 통제된 생활을 해왔던 중·고등학교라는 제도권 교육

체제에서 벗어나 자유와 재미를 만끽하려고 한다.

이들은 대부분 개방적이고 움직이는 것을 좋아하며 고기능 휴대폰을 가지고 다닌다. 또한 여럿이 모여서 노는 파티를 좋아하고 일상적인 규범 안에서 벗어나고 싶어하며 일탈을 꿈꾸기도 한다. 또한 어느 세대보다도 아름다움을 추구하는 욕구가 강하여 성형 수술도 선호하는 경향을 보인다. 영화를 즐기되 그 중에서도 판타지 유형의 영화를 즐긴다. 자기 발전에 대한 욕구도 강하여 자기 계발에도 시간과 노력을 아끼지 않으며 도전 의식도 강한 편이다. 감성적 소비를 주로 하기 때문에 이들을 타깃으로 한 새로운 감성 산업이 활기를 띠고 성장을 거듭하고 있다. 이들을 대상으로 마케팅을 펼치는 업종은 휴대폰, 영화, 인터넷, 레스토랑, 커피숍, 나이트클럽, 파티, 댄싱, 게임, 성형 외과 등이다.

또 하나의 감성 고객은 26~32세의 신세대 직장인들이다. 사회 생활을 막 시작한 꿈 많은 세대로 분류할 수 있다. 이들은 가지고 싶은 상품을 구매할 때는 브랜드를 가장 중시하며 백화점을 선호하지만, 주로 세일 기간을 이용하는 알뜰한 소비 경향을 보인다. 또한 가정이나 직장 생활을 통해 안정을 추구하지만 현실은 뜻대로 되지 않는다는 것을 통감하며 그에 따른 스트레스를 많이 받는다. 직장 동료나 친구들과 이런저런 이야기를 하길 좋아하고 돈 버는 일에 관심이 많다.

스타벅스는 이러한 감성 세대의 생활 습관, 소비 패턴을 연구하여 그들이 움직이는 동선을 중심으로 점포를 내고 그들의 입맛에 맞는 상품, 그들이 즐길 수 있는 시설, 그들의 눈높이를 고려한 서비스를 제공하고 있다

사업에 성공하려면 핵심 고객을 분명히 잡아라. 그리고 그들, 핵심 고객을 철저하게 연구하여 그들의 입맛에 확실하게 맞추어라.

타깃이 바뀌면 전략도 바뀐다

마케팅에 있어 가장 중요한 것은 목표 고객을 누구로 삼느냐이다. 타깃이 바뀌면 전략도 완전히 달라진다. 50대의 눈높이로 20대의 고객을 잡기는 어렵지 않겠는가.

04

맞춤 서비스를 하라

사람들의 욕구는 끊임없이 발전하고 변화한다. 배가 고플 때에는 먹는 것이 일순위지만, 일단 배를 채우고 나면 좀더 안락한 휴식을 원하게 된다. 이처럼 사람의 욕구 변화를 5단계로 나누어 설명한 사람이 심리학자 에이브러험 매슬로우(Abraham Maslow)이다. 그는 인간의 욕구는 계단처럼 되어 있는데 점진적으로 상승한다고 했다.

사람의 욕구는 하위 단계에서 시작하여 점차 상위 단계로 올라가는데, 육체적 욕구가 충족되면 안전의 욕구로 다시 사회적인 욕구로 발전한다. 그 후 다시 자아적인 욕구를 추구하게 되고 궁극적으로 자기 자신이 바라는 욕구가 충족될 때까지 상승한다. 기업은 이러한 인간의 욕구 중 어느 단계의 욕구를 충족시킬 것인가를 염두에 두어야 한다.

자동차를 예로 들면, 처음에는 소형차라도 우선은 편하게 이동할 수 있다는 것만으로도 만족하고 구입을 한다. 그러나 조금 지나면 더욱 안전한 차를 찾게

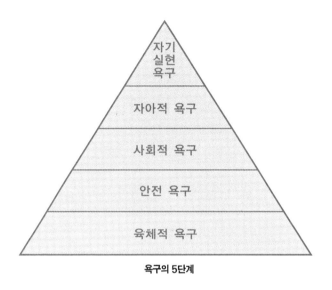

욕구의 5단계

되고, 그러다 보면 점점 더 큰 차, 품위가 있는 차를 타고 싶다는 욕구가 상승하게 된다.

커피의 경우도 처음엔 커피 맛이 나는 것이라면 아무거나 마시다가, 차츰 조금 더 맛이 좋은 것, 부드러운 것, 고품질의 커피, 그리고 내 입맛에 꼭 맞는 커피 맛을 찾게 된다.

스타벅스는 커피를 마시는 모든 사람을 고객으로 삼지 않는다. 고품질의 커피를 원하는 사람, 자신의 입맛을 소중하게 여기는 사람, 까다로운 입맛을 가진 미식가들을 타깃으로 삼는다. 일반적인 커피를 마시는 사람들은 가격에 민감하지만 까다로운 입맛을 가진 사람들은 입맛에만 맞다면 가격에는 관대한 편이다.

이들은 자신의 입맛에 맞는 음식점이나 점포가 있으면 그곳이 어디든 찾아가고, 그 점포를 단골로 정해 계속 찾아간다. 수적으로는 1% 정도에 불과하지만 이들은 점포를 자주 찾기 때문에 어쩌다 우연히 찾아간 보통 사람 100명이 오는 것과 같은 효과를 준다.

미국의 한 조사에 따르면 스타벅스를 찾는 고객들은 대개 한 달에 18회 정도를 방문하는 것으로, 반면에 쇼핑몰은 3.7회 방문하는 것으로 나타났다고 한다. 이 조사 결과, 고객의 전체 숫자가 중요한 것이 아니라 로열 고객이 자주 오는 것이 점포 매출에 결정적이라는 사실을 알 수 있다.

특정 고객의 기호를 파악하여 그들의 입맛에 맞추는 커피(제품)를 제공하고 고객들의 눈높이에 어울리는 맞춤 서비스에 초점을 두어야 경쟁력을 가질 수 있다는 말이다.

모든 고객을 욕심내지 말라

사람들은 제각각 입맛이 다르고 눈높이도 다르다. 디자인이나 품질을 중시하는 사람이 있는가 하면, 제품의 기능이나 가격을 중요시하는 사람도 있다. 목표 고객을 좁혀서 생각하고 그들의 필요에 따라 초점을 맞추어라.

05
로맨스를 맛보게 하라

미국 플로리다 대학의 올든버그(Oldenburg) 교수는 그의 저서인 『아주 좋은 장소(The great good place)』에서 '제3의 장소'의 필요성에 대해 언급하고 있다. 집이나 직장이 아닌 제3의 편안한 장소에서 이런저런 걱정을 잊고 조용히 쉬면서 이야기할 수 있는 비공식적인 공공 장소가 필요하다는 주장이다.

올든버그 교수는 책에서 다음과 같이 말하고 있다.

"제3의 장소가 없으면 교외 지역은 도시의 필수적인 요소인 인간 접촉의 다양성과 상호 작용에 영향을 주지 못할 것이다. 이러한 것들이 박탈될 때 사람들은 군중 속에서 고독감을 느끼게 된다."

스타벅스는 이처럼 이상적인 제3의 장소가 되기를 원하고 있다. 고객들이 친구와 만날 약속을 하고, 연인들끼리 대화를 나누고, 때론 선남선녀들이 맞선을 보는 장소로, 주부들의 계모임 장소로, 동호회 미팅 장소로 쓰이기를 희망하고 있다.

다른 커피숍에 비해 그리 시끄럽지 않기 때문에 편안하게 만나서 이야기를 나눌 수 있다. 음악 소리는 대화를 나눌 수 있을 정도로 적당하고, 조명은 비교적 밝은 편이다. 어떤 그룹들은 영화관이나 다른 장소로 옮기기 전에 스타벅스에서 일차로 만나는 약속 장소로 정하기도 한다. 분위기는 물론 낭만적으로 꾸며져 있다.

스타벅스는 사람들이 일상의 지루함을 조금이라도 덜어내고 10분이라도 편하게 휴식 시간을 갖도록 배려한다. 그리고 무엇보다도 세계 각국의 고급 커피 맛을 즐길 수 있다는 이점이 있다. '수마트라', '케냐' 혹은 '코스타리카'의 커피 맛을 언제든 즐길 수 있다. 또한 '에스프레소 마키아또'와 같은 이국적인 로맨스의 불꽃을 음미할 수 있는 커피를 주문할 수도 있다.

사랑하는 연인, 마음에 드는 친구와 분위기 있는 찻집에서 정겨운 이야기를 나누었다면 그 곳은 분명 좋은 장소로 기억에 남아 다시 찾아가고 싶어질 것이다. 이처럼 고객들이 스토리와 로맨스를 만들 수 있는 곳, 행복했던 기억들이 깃들 수 있는 곳을 개발하고 만들어야 한다.

달랑 커피 한잔을 사가지고 나가는 무미건조한 장소가 아니라, 세계 각국의 다양한 커피 맛을 음미하고, 그 맛과 향을 즐기면서 편안하게 대화할 수 있는 분위기를 연출한다. 때로는 연인과 함께 이탈리아의 '베로나', '밀라노' 맛을 즐기면서 지난 휴가 때 다녀왔던 해외 여행의 추억을 더듬어 볼 수도 있다.

고객들에게 제3의 장소에서 자신만의 스토리를 이야기하고 들을 수 있는 기회를 주라. 그리고 커피와 얽힌 로맨틱한 이야기를 나눌 수 있는 낭만적인 경험을 할 수 있는 곳이라는 '스타벅스 경험(experience)'을 만들어갈 수 있게 배려하라.

고객에게 스토리를 만들 기회를 주어라

같은 커피라고 해도 어느 곳에서 누구와 마시느냐에 따라 맛과 느낌이 다르다. 고객이 낭만적인 분위기를 느끼고 감동을 맛볼 수 있는 고객 스토리를 만들어주어라. 그러면 그 스토리 때문에 고객은 다시 찾아오게 될 것이다.

06

사람이 감성 마케팅의 중심이다

경제 위기와 불황이 계속적으로 이어지면서 하루아침에 대기업이 무너지고 그나마 살아남은 기업들도 구조조정 바람이 불어 사람들은 언제 직장을 잃을지 모른다는 불안감에 휩싸여 있다.

이처럼 불안한 사회 분위기 속에서 사람들은 직장에서 버티기보다는 자기 사업을 위한 창업에 더욱 관심을 갖고 있다. 그러나 내 사업을 하려면 우선적으로 마케팅을 알아야 한다. 마케팅하면 쉽게 장사 잘하는 것, 물건을 잘 파는 것, 판촉을 잘하는 것쯤으로 알고 있다. 물론 다 맞는 말이지만 마케팅을 좀더 잘하려면 마케팅 전략 요소들에 대한 깊은 이해가 전제되어야 하고, 그것을 사업에디 직접 적용시킬 줄 알아야 한다.

일반적으로 마케팅 전략 요소하면 4P로 대변된다. 즉 마케팅 4P란, 제품(product), 가격(price), 유통(place), 촉진(promotion)의 앞 철자인 'P'를 상징한다. 이 마케팅 믹스 4P는 1960년 이후로 마케팅의 대명사처럼 이용되어 왔고 상당한 성과가 입증되기도 했다.

마케팅 전략 요소로 제조업에서 대량 생산, 대량 판매할 때 유용한 개념으로 활용되어 왔으나, 시대가 바뀌고 소비자의 욕구 패턴이 변하면서 다소 미흡한 점도 드러났다. 서비스 업종에서는 제품의 생산 주체가 공장이나 하드웨어가 아니라 사람과 소프트웨어이므로 기존의 마케팅 믹스인 4P에 추가적으로 사람(people)이 들어가서 5P가 성립된다.

스타벅스에서는 이 마케팅 전략 중에서 사람을 가장 중요한 요소로 보고 있다. 커피의 원료가 아무리 뛰어나다 하더라도 고객에게 직접 서비스되는 시점에서 고객의 입맛과 다른 맛을 제공하거나 블렌딩의 과정이 잘못된다면 그 제품은 우수하다고 할 수 없기 때문이다.

품질도 사람이 결정하고 점포의 분위기도 사람이 좌우한다. 사람 간의 친밀도야말로 최고의 판촉 요소가 되기 때문에 사람이라는 인적 자원이 감성 마케팅의 핵심 요소가 된다.

일례로 제조업에서 퇴직한 사람들이 점포를 운영할 때 가장 어려움을 겪는 부분이 바로 서비스업에서 핵심인 사람을 다루는 일이다. 이들은 대개 사람에

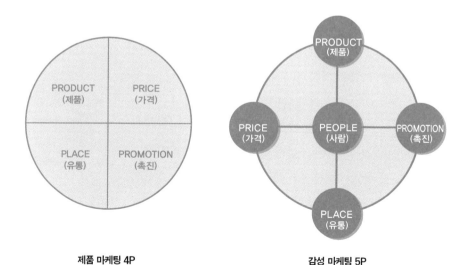

제품 마케팅 4P   감성 마케팅 5P

대한 중요성을 간과하는 경향을 보인다.

제조업에서는 제품이 우선이겠지만 서비스업에서는 사람과 고객이 더 중요하다. 이 책에서는 감성 마케팅의 전략 요소를 5P(product, price, place, promotion, people)로 구분하여 스타벅스의 사례를 대입시켜 보았다.

사람도 마케팅의 중요 요소이다
상품의 기능이 마음에 들어 구매할 때는 어떤 사람이 판매를 하든 어떻게 서비스하든 그다지 중요하지 않다. 그러나 감성 마케팅, 서비스 마케팅에서는 누가 어떻게 서비스 하느냐가 고객을 끄는 중요한 요소로 작용한다.

PART 2
스타벅스의
감성 마케팅 5P

Product 제품

PRODUCT

07

대표 상품을 만들어라

인스턴트 커피가 주를 이루던 불과 15년 전까지만 해도 국내에서는 커피 2, 설탕 2, 크림 1 비율로 섞어 마시던 다방 커피가 국민 커피로 불릴 정도로 많은 사람들이 같은 맛의 커피를 즐겼다. 이러한 다방 커피는 서울 88올림픽 이후 등장한 미국식 향 커피를 기점으로, 1990년대 말부터 불기 시작한 에스프레소 바람에 밀려 오랫동안 커피 시장에서 누려왔던 우월적 입지가 조금씩 흔들리면서 변화의 조짐을 보이고 있다.

갈수록 소득 수준의 향상, 라이프 스타일의 변화 그리고 서구적인 음식 문화가 점차 강해짐에 따라 원두 커피, 그 중에서도 특히 에스프레소를 즐기는 사람들이 많아지게 되었다. 그러나 대부분의 커피 전문점들은 단순히 인스턴트 커피에서 원두 커피로의 전환 정도에만 안주한 채, 정작 커피 맛에서는 기존의 다방 커피에 비해 이렇다 할 차별화를 보여주지 못하면서 얼마 가지 못하고 시들해졌다.

물론 스타벅스가 국내에 진입할 당시에도 고급 원두 커피에 대한 수요가 어느 정도 존재했던 것이 사실이지만, 에스프레소 커피에 대한 시장은 아직 크게 형성되지 못한 상황이었다. 더구나 스타벅스와 같이 테이크아웃(take-out) 형태로 판매하는 시장은 아직 형성될 기미조차 보이지 않았다.

그러나 스타벅스는 한국에서 커피 시장이 소득 수준의 향상과 라이프 스타일의 변화로 인한 음식 문화의 변화와 밀접한 관계가 있음을 일찍이 간파하고 고급 커피에 대한 수요가 증가하게 될 것으로 예측했다. 특히나 상표 신뢰도를 중요하게 여기는 한국 사람들에게 강력한 브랜드 파워는 판매에 용이하다는 점도 알고 있었다.

당시 스타벅스가 가장 중요하게 생각한 것은 에스프레소라는 컨셉을 인스턴트 커피나 다방 커피와 차별화하여 소비자의 머릿속에 어떻게 인식시키고, 그 이미지를 어떻게 만드느냐 하는 것이었다.

간편하고 빠른 것을 좋아해서인지 그동안 우리나라의 커피 시장은 인스턴트 커피가 시장의 대부분을 점유해왔다. 인스턴트 커피는 저렴하면서도 간편하게 마실 수 있어 누구나 쉽게 즐기는 커피로 자리를 잡게 된 것이다. 그러나 스타벅스는 이러한 커피가 상대적으로 질이 떨어질 수밖에 없다는 것을 알고 국내 커피 시장에 프리미엄 커피 에스프레소를 내세워 시장을 형성하기 시작했다.

스타벅스는 에스프레소라는 제품을 내걸고 국내 커피 시장을 이끌어간 것이다. 커피의 가장 강력한 차별화 요인은 품질! 커피의 가장 큰 경쟁력은 바로 에스프레소 커피 맛에 달려 있는 만큼 그것을 결정하는 맛과 향, 농도의 중요성은 아무리 강조해도 지나침이 없을 것이다.

이런 여러 가지 시장 상황을 분석하여 제품에 대한 컨셉을 설정한 후, 1997년 스타벅스는 신세계 그룹의 커피 전문 사업팀인 태스크포스와 제휴를 맺고 에스코 코리아를 설립하여 한국에 첫 발을 내디뎠다.

제휴 당시 스타벅스는 신세계 그룹의 태스크포스 직원을 미국 본사로 불러들여 3개월간에 걸친 연수를 실시했다. 이를 통해 경영 노하우를 전수했는데,

신세계 그룹은 상품 관리와 점포 경영의 노하우를 본사로부터 받는 대신에 그에 상응하는 로열티를 지불했다. 그런 과정을 거치고 1999년 7월 국내에 스타벅스 1호점을 세웠다.

스타벅스 진출 당시 국내 에스프레소 업계에 경쟁자가 없었던 탓에, 빠른 시일 안에 시장을 선점할 수 있었다. 이렇게 발 빠른 시장 진출로 인해 결과적으로 국내 에스프레소 커피 시장에서 리더로서 여러 가지 이점을 얻을 수 있었다.

이렇듯 하나의 컨셉이 소비자의 머릿속에 자리잡고 오래도록 기억되려면 첫째 소비자에게 그 제품이 정말 필요하고 중요한 것이어야 한다. 둘째는 제품이 독특해야 하며, 셋째 어떤 종류의 제품인지 카테고리가 명확해야 한다.

팔고자 하는 대표 상품을 확실히 하라

가끔 보면 한식, 일식, 양식 메뉴가 모두 준비되어 있는 음식점을 만날 수 있다. 고객들은 이 집이 어떤 음식을 잘 하는 곳인지 감을 잡을 수가 없다. 그러므로 팔려고 하는 대표 상품을 분명히 하고 그것을 가지고 승부를 걸어야 한다. 아울러 관련된 주변 상품으로 확대해나가야 한다.

P RODUCT

08
새로운 입맛을 선보여라

인스턴트 커피 덕분인지 몰라도 한국 사람들에게 있어 커피는 단순한 차 한잔이 아니라 생활의 쉼표와도 같은 존재이다. '커피 한잔 합시다' 라는 말에서도 알 수 있듯이, 커피는 한국 사람들에게 이미 차나 음료를 대표하는 보통 명사로 자리잡았기 때문이다. 음식점 못지않게 많은 곳이 커피 전문점이고, 거리에 나가보면 자판기 1~2대 갖춰놓지 않은 건물은 찾아보기 어렵다.

그래서인지 스타벅스를 처음 찾는 사람들은 하나같이 메뉴 판에 적혀 있는 커피의 종류를 보고 일단 놀라게 된다. 오래도록 자판기 커피에 익숙해 있던 소비자들은 어떤 종류의 커피를 주문해야 할지 몰라서 한동안 망설인다

스타벅스가 국내에 도입되었을 때만 해도 다방과 자판기 커피 맛에 익숙한 고객들이 주를 이루고 있었기 때문에 한 순간에 길들여진 입맛을 바꾼다는 건 힘든 일이었다. 이런 상황까지 감지했던 스타벅스는 일반인이 생각하는 단순한 커피가 아닌 구체적인 커피 브랜드를 소개함으로써 커피의 전문성과 고급

화 전략을 세웠다.

이러한 전략의 일환으로 먼저 커피에 대한 소비자들의 다양한 욕구를 10가지 이상의 커피로 세분화했다. 순한 맛을 내세운 부드러운 커피, 개성 있고 매력적인 커피, 카페인을 제거한 디카페인 커피 등 다양한 커피를 내놓았다.

순한(mild) 맛의 커피에는 '콜롬비아 나리노 수프리모', '하우스 블렌드'를 만들었고, 부드러운 (smooth) 커피로는 '카페 베로나', '에스프레소 로스트', '과테말라 안티구아', '유콘 블렌드' 등의 커피를 선보였다. 또 개성 넘치고 매력적인(bold) 커피라는 테마로 만들어낸 '프렌치 로스트', '골드 코스트 블렌드', '수마트라', '케냐' 등을 제공했다. 이밖에 성인병을 경계하는 현대 사회의 흐름을 타고 등장한 카페인을 뺀 디카페인 모카 자바도 선보였다.

특히 그날그날의 날씨나 취향에 따라 커피를 선택하는 소비자들의 욕구를 수렴하여 커피 시장을 세분화하는 데 적극 반영하고 있다.

또한 생활 수준이 높아지면서 사람들의 입맛이 더욱 까다로워지고 있다는 데 착안하여 달콤한 카라멜이나 초콜릿, 각종 시럽을 첨가한 커피를 시장에 내놓으면서 젊은 여성들을 집중 공략하는 마케팅까지 시작했다.

이러한 커피 시장에 대한 세분화와 전문화 전략을 실시한 후, 보다 차별화된 맛과 품질을 얻을 수 있었다. 이로써 커피 애호가인 한

▲ 자판기 커피에 익숙했던 소비자들에게 순한 맛, 부드러운 맛, 진한 맛 등의 10가지 이상으로 세분된 커피를 제공함으로써 커피의 전문성과 고급화를 살린 전략으로 접근하고 있다.

국인들의 입맛을 한 단계 업그레이드 시킬 수 있었던 것이다.

스타벅스의 국내 진출로 에스프레소 커피가 인기몰이를 하게 되자, 사람들은 점차 인스턴트 커피와 에스프레소 커피 맛을 구별하기 시작했다. 나아가 더 맛있는 커피를 마시기 위해 점심 식사에 달하는 비용을 지불하면서까지 고급 커피를 찾는 사람들이 늘어나게 되었다.

새로운 입맛을 개발하라

한 음식점에 자주 가다보면 지겨워지는 순간이 있다. 매번 같은 입맛을 유지하는 것도 중요하지만 새로운 메뉴를 선보이는 신선함이 있어야 단골 고객을 오랫동안 붙잡아둘 수 있다. 즉 계절별 상품이나 가격이 다양한 상품, 세트로 먹을 수 있는 상품들을 개발하여 선보여라.

PRODUCT

09

나만의 노하우를 갖춰라

공부나 사업에서 성공하기 위해서는 누구나 나만의 노하우가 필요하듯이 커피도 맛을 내기 위해서는 특별한 노하우가 있어야 한다. 더욱이 스타벅스처럼 많은 점포를 직영으로 운영하는 곳이라면 커피의 맛을 내는 노하우는 물론이고, 유통 노하우, 경영 및 마케팅 노하우가 전제되어야 한다. 이 중에서 가장 기본적인 것은 바로 커피 맛을 제대로 내는 노하우이다.

스타벅스는 배전(roasting), 블렌딩(blending), 쿨링(cooling)에서 진공팩 포장, 개봉 후 사용하기까지 전 과정에 걸쳐 커피 맛의 노하우가 담겨 있다.

첫 번째 노하우는 커피를 볶을 때 강배전 과정을 거친다는 것이다. 커피의 볶음 정도는 크게 약배전(light roasting), 중배전(medium roasting), 강배전(dark roasting) 3단계로 구분한다. 이 중에서 강배전은 갈색에 약간 검은 빛이 도는 상태로 강한 커피 향을 느낄 수 있으며, 신맛은 거의 없고 쓴맛이 많이 올라온다. 그래서 강배전으로 볶은 커피는 풍부한 맛과 깊은 향을 극대화할 수 있다.

기업들은 마케팅을 펴기 전에 먼저 주고객으로 삼은 타깃에 따라 신맛을 강조할 것인지, 아니면 진한 맛을 강조할 것인지의 여부를 결정하게 되는데, 이러한 로스팅 개발 방법에 따라 맛의 차이가 난다.

두 번째 노하우는 블렌딩에 있다. 커피를 블렌딩한다는 것은 마치 고급 양주를 섞는 것과 마찬가지로 "개성과 특징이 뚜렷한 한 종류의 커피를 여러 가지로 섞어서 사람들이 좋아하는 독특한 맛의 커피를 만드는 것"을 말한다. 커피 블렌딩은 섞는 양과 원두의 상태에 따라 변수가 워낙 많기 때문에 아주 전문적이고 과학적인 작업을 요한다.

세 번째는 바로 진공팩 포장에 있다. 커피는 로스팅이 끝나는 순간부터 산화가 시작되는데 이를 최대한 억제하고 특히 이것을 오랜 기간에 걸쳐 배달해야 하는 상황이라면 포장은 가장 중요한 기술이 된다.

스타벅스에서는 '포일'이라고 하는 금속성 포장 기술을 개발했다. 이 기술은 산소와 습기를 막아주는 최고의 포장재로 커피의 유통 기한을 연장시켜주는 획기적인 기술로 알려져 있다. 이 포장에 특수한 밸브형 단추를 달아 커피가 산화할 때 발생하는 가스를 밖으로 배출시켜 진공 상태를 유지할 수 있게 만들었다.

이 획기적인 포장 기술은 커피의 유통 기한을 1주일에서 길게는 1년 이상까지 연장시켜 주었다. 그 이후로 세계 곳곳으로 배달되고 있다. 스타벅스 코리아 역시 미국 본사에서 엄격하게 선별한 커피를 공급 받고 있다. 이런 포장 기술에 힘입어 각국의 소비자들은 전세계 모든 소매점에서 최상의 커피를 만날 수 있게 되었다.

이렇듯 최고의 커피 맛을 만들기 위해서는 로스팅, 블

▲ 스타벅스에서 개발한 '포일'이라는 금속성 포장지는 산소와 습기를 막아주는 포장재로 커피의 유통 기한을 획기적으로 연장시켜 주었다.

렌딩, 포장 기술에 이르기까지 각각의 노하우를 가지고 있음을 알 수 있다. 그러므로 자신만의 특별한 노하우가 필요한 것이다. 노하우가 없다면 오래 버티지 못하고 금방 쓰러지기 쉽다.

무엇을 하든 어느 누구도 흉내내지 못할 나만의 노하우가 히든 카드로 준비되어 있어야만 한다. 특별한 노하우는 개인의 성공은 물론, 기업의 성패를 좌우할 수 있을 만큼 중요하다.

남들이 흉내낼 수 없는 노하우를 갖춰라
코카콜라는 아직도 그 비법이 공개되지 않고 있다. 경쟁자가 흉내낼 수 없는 맛의 비밀, 나만의 서비스 비법을 가지고 있어야 멀리서도 손님이 찾아온다. 최고의 서비스업체란 그곳에 가기 위해 먼 거리도 마다않고 찾아올 정도로 특별함이 묻어 있는 곳이다.

RODUCT

10

항상 신선함을 유지하라

좋은 커피를 만들기 위해서는 원두가 신선해야 하고, 적당하게 잘 갈아져야 하며, 제 시간에 뽑아야 한다. 갈아둔 커피는 시간이 오래되면 가스가 빠져나가 본래의 향을 잃게 된다. 또한 커피는 휘발성이 강해 밀봉이 잘 되어 있지 않은 상태에서 두게 되면 고유의 향기가 날아가버린다. 그러므로 커피는 늘 시원하고 건조한 상태에서 보관하되 산정된 기간 내에 사용하도록 해야 한다.

스타벅스 매장에서 판매하는 커피의 경우 일단 팩을 개봉하게 되면 커피 원두를 7일 이내에 모두 소비한다. 또한 신선도를 유지하기 위해 추출 후 1시간이 지난 커피는 폐기 처분함으로써 고객들이 이를 직접 확인할 수 있도록 커피메이커 앞에 타이머를 달아 놓았다.

고객의 건강을 우선하는 스타벅스의 기업 철학에 따라 원두 커피에 부착된 타이머를 통해 물리적인 증거를 제시함으로써, 고객의 신뢰도를 쌓는 중요한 역할을 한다. 또 하나 커피의 맛을 좌우하는 것이 바로 커피를 만드는 물이다.

1잔의 커피는 99%의 물로 이루어져 있으므로, 물은 커피 맛에 중요한 영향을 끼친다. 일반적으로 커피는 깨끗한 연수로 끓이는 것이 좋다. 칼슘, 마그네슘, 철, 망간 등이 많이 녹아 있는 물을 경수라고 하는데, 이런 물질들은 커피에 함유된 단백질, 지방, 유기산 등과 반응해 향기와 맛을 손상시켜 혼탁의 원인이 된다.

연수에 속하는 대표적인 물은 수돗물이다. 그렇지만 소독을 위해 수돗물에 넣는 염소에는 강한 냄새가 나기 때문에 언제나 끓여서 사용해야 한다. 고층 아파트처럼 물탱크에 저장된 물을 사용할 경우에는 금속이 부식되어 찌꺼기가 물에 섞여 나올 수도 있으므로 필히 정수기를 설치하거나 침전한 다음 윗물만 사용하는 것이 좋다.

스타벅스에서는 맛있는 커피를 위해 신선하고 차갑게 정수한 물을 끓는점 직전까지 끓여서 사용한다. 맛있는 커피를 만들기에 가장 적합한 물을 만들어 내기 위해서 스타벅스는 수차례의 테스트를 거친다.

그리고 테스트한 물은 다시 정수기의 필터 과정을 거친다. 이렇게 정수한 물은 다시 미국 본사로 보내져 적합한 물인지 확인하는 최종 심사 과정을 거친다. 이와 같이 신선한 커피를 만들기 위한 여러 가지 노력들은 커피 애호가들의 발길이 끊이지 않게 하는 결정적인 이유가 되며, 스타벅스 커피의 성장을 이루게 한 원동력이 되고 있다.

신선함은 아무런 노력 없이 유지될 수 있는 성질의 것이 아니다. 잘 짜여진 전략 없이는 신선함을 유지하기 어렵다. 품질의 신선함을 유지해줄 수 있는 해결책은 바로 '소비자는 제품이 아닌 브랜드를 선택한다'는 인식을 바탕으로 브랜드 가치의 지속적인 유지와 향상을 위해 최선을 다해야 한다는 것이다.

신선함도 전략이다

맥도널드는 감자를 튀겨놓고 5분이 지나면 곧바로 버린다고 한다. 패스트푸드이기 때문에 빨리 서비스하는 것도 중요하지만 신선함을 유지하는 것이 생명이기 때문이다. 스타벅스도 포장을 개봉한 원두는 1주일 내에 소비하고 추출된 커피는 1시간이 지나면 버린다. 제품의 신선함을 잃으면 결국 고객까지 잃게 된다.

P R O D U C T

11

고객의 입맛에 맞춰라

종전에는 소비자들이 커피를 선택해서 즐기기보다는 그냥 마시는 커피로만 인식하고 자판기 커피든 원두 커피든 아무거나 있는 대로 마시는 경우가 대부분이었다.

그러나 외국 문화를 접하는 고객들이 점차 늘어남에 따라 서구적인 커피 문화에 익숙해진 소비자들이 제각각 입맛에 맞는 커피를 찾는 시대가 왔다. 자기가 원하는 커피, 자기 취향에 맞는 커피, 자기 개성에 맞는 커피를 즐기려고 하는 게 요즘 소비자들의 모습이다.

특히 이제는 움직이면서 즐길 수 있는 테이크아웃 커피가 유행을 넘어 일상으로 정착함에 따라 갈수록 입맛에 따라 커피를 주문하는 손님들이 늘고 있다. 커피의 종류를 구분하는 것은 기본이고, 커피의 사이즈, 우유 거품을 뺄 것인지 말 것인지, 어떤 시럽을 첨가할 것인지 등을 꼼꼼하게 체크하고 주문하는 손님들도 많아졌다.

스타벅스에서 커피를 주문하는 풍경을 보면 마치 레스토랑에서 주문을 하는 것처럼 "숏라떼, 디카페인, 저지방 우유, 거품은 많이 내주세요"하는 식이다. 어느새 커피의 방정식은 '커피±크림±설탕'에서 '에스프레소±스팀밀크± 시럽±생크림' 식으로 바뀌고 있다. 커피, 설탕, 크림의 공식에서 헤이즐넛 같은 원두 커피로, 지금은 에스프레소와 스팀밀크, 시럽의 배합으로 이어져 한 마디로 자신에게 꼭 맞는 맛을 장소에 상관없이 걸어다니면서 즐길 수 있게 되었다.

이런 식으로 개인 맞춤형 서비스가 가능한 것은 바로 스타벅스의 독특한 컵 때문이다.

매장에서 사용하는 컵의 왼쪽에는 온도, 향, 우유, 시럽, 샷, 사이즈 등을 선택할 수 있는 체크 칸이 마련되어 있다. 소비자는 자신의 취향대로 커피의 맛을 조절할 수 있기 때문에 개인의 입맛에 맞는 커피를 즐길 수 있는 것이다.

따뜻한 커피는 보통 3가지, 차가운 커피는 2가지 사이즈로 선택할 수 있고, 입맛에 따라 크림과 우유가 가미된 다양한 맛의 커피와 시나몬, 시럽 등을 첨가할 수도 뺄 수도 있다. 커피 양도 선택 주문이 가능하며 고객이 직접 첨가할 수 있다.

스타벅스 커피의 최대 강점 중의 하나인 다양성은 소비자들의 개성을 충족시킨다는 것이다. 커피 맛과 커피 사이즈, 사이드 메뉴에 있어 고객의 기호에 맞는 선택을 할 수 있기 때문에 즐거움과 만족이 배가된다.

이는 개인의 커피 취향에 눈높이를 맞춘 개인 맞춤형 서비스를 실시하는 스타벅스만의 차별화된 서비스 전략이다. 고객들은 이러한 섬세한 배려에 더욱 만족해한다.

요즘처럼 소비 문화가 다양하고 개인의 소비 개성이 강한 시대에는 더 이상 전통적인 방식의 '기성품(ready‐made)' 제공은 의미가 없다.

앞으로 고객의 취향을 염두에 두지 않고 가만히 앉아서 소비자를 기다리는 마케팅으로는 살아남을 수 없다. 질 높은 품질과 소비자의 개성에 맞는 제품을 준비하여 소비자 스스로 찾아올 수 있는 분위기를 조성해야 한다.

이제는 고객이 올 때까지 기다릴 것이 아니라, 고객을 끌어들일 수 있는 아이템을 연구 개발하여 소비자 만족에 최선을 다하는 것이 우선되어야 한다.

입맛을 맞출 수 있는 시스템을 만들어라

스타벅스 최고의 특징은 까다로운 고객의 입맛을 맞출 수 있는 시스템을 구축한 것이다. 스타벅스에서는 다양한 종류의 커피, 고객 한 사람 한 사람의 주문에 따라 직접 만들어진 커피, 각종 드레싱이나 첨가제를 즉석에서 조제할 수 있는 맞춤형 커피를 제공한다.

PRODUCT

12

계절별 메뉴를 개발하라

여름은 마케팅에 있어 1년 중 가장 중요한 계절이다. 대부분의 업종은 대체로 여름철을 비수기로 삼는데, 이는 고온 다습한 기후와 함께 휴가철이 길어 정상 적인 소비가 이루어지지 않는 탓이다.

외식업, 특히 먹는 장사는 일반적으로 계절을 많이 탄다. 예를 들면, 빵을 비롯한 대부분의 음식점은 여름철이 되면 매출이 하강곡선을 그린다. 반면 삼계탕과 보신탕은 여름철이, 한식집은 겨울철이 성수기이다.

따라서 많은 외식업에 종사하는 마케터들은 여름철에 매출을 올리기 위해 남다른 노력들을 한다. 팥빙수나 슬러시를 부가적으로 판매한다든지 심지어는 더운 여름철을 공략한 얼려먹는 빵을 개발하고 다양한 아이디어를 내면서 나름대로 비수기를 극복해가고 있다.

스타벅스의 경우 여름에는 프라푸치노를, 겨울에는 토피넛라떼 같은 계절 메뉴를 선보이고 있다. 이 중에서도 프라푸치노는 무더운 계절에 환영을 받는 대체품으로 인기가 좋은데, 저지방 음료라서 다이어트에 신경을 쓰는 여성들에게 좋은 반응을 얻고 있다.

프라푸치노는 커피, 크림, 티의 3가지 카테고리 내에 총 12종류를 판매하고 있으며, 매출의 40% 이상을 차지할 정도로 비중이 높은 제품이다.

스타벅스에서 판매하는 커피는 대부분 사계절 판매에 무리가 없는 음료들이다. 그렇지만 계절별로 특징 있는 메뉴를 개발하는 것은 고객들에게 새로운 제품을 선보이기 위해, 또는 고객들에게 계절에 따라 찾을 수 있는 메뉴에 대한 기대감을 심어주기 위한 전략이다.

▲ 스타벅스의 대표적 계절 상품인 프라푸치노는 매출의 40% 이상을 차지할 정도로 인기가 높다.

그래서 계절별 스페셜 상품과 같은 다양하고 독창적인 메뉴뿐 아니라 본사 상품 기획팀에 의해 수시로 제공되는 특별한 상품들을 준비하여 고객의 입맛을 사로잡고 있다.

계절 사업은 매출이 한 계절에 집중되는 현상을 보이므로, 계절 요인을 감안해 한시적으로 계절 메뉴를 운영하면 소비자의 눈길을 한번에 끌 수 있다. 그러므로 주력 아이템을 교체하거나 계절에 따라 마케팅 대상을 바꿈으로써 비수기 상품을 미리 준비해야 한다.

계절별로 즐겨 찾는 상품을 만들어라
뜨거운 커피는 날씨가 추워져야 제 맛을 느낄 수 있다. 그렇다고 겨울에만 영업을 할 수는 없는 일이다. 여름철은 여름에만 즐길 수 있는 상품을 개발해야 한다. 사계절 어느 때나 즐겨 찾을 수 있는 상품이 믹스를 갖추어라.

P R O D U C T

13

오늘의 음료를 선보여라

"오늘 점심은 또 뭘 먹지?"

시계가 낮 12시를 가리키면 직장인들의 고민은 대개 하나로 통일된다. 이것은 직장인들이 일상에서 치러야 할 가장 흔한 고민이면서 꼭 선택해야 할 과제이다.

오늘은 비가 와서, 더워서, 기분이 우울해서 또는 입맛에 따라, 식성에 따라 매일 먹고 싶은 메뉴들이 달라진다. 그래서 사다리를 타보기도 하고, 제비 뽑기는 물론 인터넷까지 뒤져보지만 결과는 그저 그렇다.

이런 고민을 해결하기 위해 몇몇 음식점에서는 그날그날 해당 음식점만이 내놓는 '오늘의 메뉴'를 제공한다. 오늘의 메뉴는 특별한 고민을 하지 않아도 점심 메뉴를 선택할 수 있다는 점에서 부담이 없으며, 또한 매일 새로운 음식을 맛볼 수 있다는 생각에 고객들의 반응도 좋다.

일반 음식점에도 오늘의 메뉴가 있듯이 커피에도 오늘의 커피가 있다. 스타벅스에 가면 먹음직스러운 커피 그림과 함께 메뉴보드에 '오늘의 커피' 라는 서비스를 제공하고 있다. 오늘의 커피는 매장에서 원두를 직접 갈아서 깨끗하게 정수한 물로 뽑아낸 신선한 커피로, 매일 새로운 원두를 제공한다. 오늘의 커피는 매장마다 커피 종류가 달라지며 주로 해당 매장의 점장에 의해서 하루의 메뉴가 정해진다.

예를 들어 신제품의 출시를 앞두고 고객들의 반응을 미리 살펴보기도 하고, 단골 고객들의 취향에 맞는 커피를 제공하기도 한다. 그런가 하면 계절이나 날씨에 어울리는 커피를 선택하거나 직원들의 아이디어로 선택된 커피를 선보이기도 한다.

'오늘의 커피' 만을 일부러 맛보기 위해서 기다리는 손님들도 많다. 이러한 마니아층을 형성할 수 있었던 것은 매일같이 오늘의 커피를 선정하여 고객이 다양한 메뉴를 골고루 맛볼 수 있게 하며, 무엇보다도 비교적 저렴한 가격에 판매하고 있기 때문이다. 사람들에게 '오늘은 어떤 커피일까?' 라는 기대감을 주는 일종의 의도된 전략이다.

국내에서는 아직 에스프레소 커피 문화가 크게 활성화되지 않은 상황이라 대부분 카페라떼나 카푸치노를 선호하지만, 에스프레소 문화가 점점 확산되고 외국 문화에 익숙한 사람이 많아지면서 자신의 개성에 맞는 커피를 찾는 사람들도 늘고 있다.

새롭게 떠오르는 이들 잠재 고객들에게 '오늘의 커피' 는 마치 자신이 마시는 커피가 바로 나만의 개성을 나타내고 있다는 생각을 갖게 만든다.

사람들은 어제와 다른 새로운 것을 원한다. 이런 것을 꿈꾸는 이들에게 '관심을 끌고',

▲ 오늘의 커피는 개성을 중시하는 마니아 층과 저렴한 가격을 선호하는 알뜰 구매자들의 욕구를 모두 만족시켜 준다.

'주의를 사로잡아' 그들로 하여금 "이게 뭐지?"하며 궁금해하도록 유도해야 한다. 일단 이렇게 해서 관심을 끌었다면, 개성이나 취향이 각각 다른 모든 소비자들의 요구를 골고루 만족시켜줄 수 있는 방법을 마련해야 한다.

오늘의 스페셜 음료를 준비하라

매장이 들어선 지역의 특성에 따라, 혹은 점장의 취향에 따라 스페셜 음료를 제공하라. 오늘의 특별 메뉴를 통해 신제품을 소개하고, 계절이나 날씨에 따라 더욱 분위기 있는 음료를 추천함으로써 고객과의 친근한 관계를 유지하라.

RODUCT

14

맛의 매뉴얼을 만들어라

예전의 다방에서는 주방장이 다방의 커피 맛을 좌지우지하고 추출이나 블렌딩도 직접 했다. 그래서 주방장이 늦게 나오는 날이나 결근 등 근무 태도가 다소 불량해도 업주들이 주방장의 눈치를 살피거나, 웃돈까지 줘가면서 더 유능한 주방장을 스카우트하는 경우도 허다했다.

그러던 것이 국내 동서식품에서 맥심을 출시하고 "아무나 타도 같은 커피 맛을 낼 수 있습니다"라는 광고를 업주들에게 홍보하면서 순식간에 다방을 석권하게 된다. 삽시간에 서울 시내 다방의 80~90%가 맥심을 전용하게 되면서 우리나라에도 다방 커피의 인스턴트화가 가속화되었다.

그 후 생활 수준이 점점 높아지고 원두 커피 쪽으로 커피 기호가 바뀌면서 정통적인 외국의 커피 맛을 느끼고 싶어하는 사람들이 많아지게 되었다. 최근 이러한 소비자를 타깃으로 삼아 매스컴이나 체인 사업자들이 붐을 조성하려고 광고 홍보 전략을 펼치고 있다.

그런데 전문성을 갖추는 사전 노력 없이 남이 하니까 나도 한다는 식으로 에스프레소에다 뜨거운 우유를 섞어 기계처럼 만들어내는 커피 전문점들이 여기저기서 생겨나고 있다. 그러나 표준화되지 못한 커피 맛으로 인해 소비자들의 욕구를 채워주지 못하게 되고, 결국 고객들에게 외면을 당하는 점포도 상당수에 이르고 있다.

스타벅스 커피 표준 매뉴얼

●●카페라떼

우유가 들어간 카페라떼는 아침 식사 대용 커피이다. 스페인에서는 카페콘레체, 이탈리아에서는 카페라떼라 부른다. 부드러운 거품이 일품인 카페라떼는 양을 많이 해서 커다란 잔에 마신다.

재료 : 커피 추출액 1/2컵, 우유 1컵

●●에스프레소

신선한 샷은 향기로운 크레마층과 바디층, 하트층으로 이루어지며 입안 가득한 향과 카라멜처럼 달콤한 커피의 영혼을 지닌 음료이다.

재료 : 커피 추출액 1/2컵

●●카라멜 마키아또

향긋한 바닐라 시럽과 신선한 스팀밀크 위에 에스프레소를 혼합한 뒤, 그 위에 우유 거품을 살짝 얹어 카라멜로 장식한 음료이다.

재료 : 커피 추출액 1/2컵, 우유 1컵, 바닐라 시럽, 카라멜 시럽

이와는 달리 스타벅스에서 느끼는 맛은 어느 지점에서나 같다. 엄격한 매뉴얼에 따라 커피를 만들기 때문에 전세계 어느 매장에서나 특정 메뉴의 고유한 맛을 즐길 수 있다. 또한 특정 1인이 아닌 매장의 모든 파트너가 커피 만드는 방법을 교육 받기 때문에 커피 맛의 일관성을 유지할 수 있다.

이처럼 각각의 커피마다 매뉴얼을 갖고 있어서, 매뉴얼을 익히는 데만도 꽤 많은 시간이 걸린다. 엄격한 매뉴얼 외에도 직영으로만 매장을 운영함으로써 철저한 품질 관리가 가능하고 이를 통해 고객과의 신뢰를 구축해가고 있다.

스타벅스는 강한 브랜드 파워를 지닌 다국적 기업으로 세계 시장에 똑같은 컨셉으로 동일한 제품을 내놓고 시장을 동시 공략하고 있다. 따라서 세계 여러 곳에서 지점을 내면서 가장 중요시한 것은 무엇보다도 고급 커피의 공급과 커피 제조 기술이었다. 이는 커피 판매업의 핵심이라고 할 수 있다. 이를 위해 표준화, 단순화, 전문화 시스템을 전제로 표준 매뉴얼을 사용하여 맛을 유지하기 위한 노력을 기울이고 있다.

매뉴얼로 점포마다 커피 맛을 표준화하라

유학생이 미국에서 먹어본 커피 맛과 한국에서 먹어본 맛이 다르다면 실망하게 될 것이다. 커피를 서비스하면서 지역마다 점포마다 맛이 달라져서는 안 된다. 각각의 커피마다 맛의 표준 매뉴얼을 만들어서 직원에게 철저하게 훈련시켜야 한다.

PRODUCT

15

지역별 특화 메뉴를 만들어라

로마에 가면 로마법을 따르라고 했다. 요즘 서구풍의 외식업체들은 각 지역의 분위기에 어울리는 마케팅을 펼쳐 인기를 얻고 있다. 30~40대 부부가 많이 찾는 곳은 당연히 아이들 놀이방이 갖추어져 있고, 20대 초반을 위해서는 각종 메이크업쇼가 이루어지는 건 기본이다. 때로는 체인점 인테리어나 메뉴는 본사가 일괄적으로 관리한다는 원칙을 깨고 지역에 맞게 독특한 메뉴나 매장을 선보이기도 한다.

이렇게 각 지역별로 인기 있는 아이템을 '로컬 메뉴'로 지정하여 어린이부터 노인에 이르기까지 다양한 계층을 흡수하고 있다.

지금은 단종되었지만 스타벅스 인사동 매장에서는 다른 매장에서는 볼 수 없는 '떡 패스츄리' 메뉴를 만날 수 있었다. 떡 패스츄리는 인사동을 찾는 고객들을 만족시키고, 다른 점포와의 경쟁력을 높이기 위해 인사동만의 특성을 살려 개발한 로컬 메뉴였다.

이 제품은 떡을 패스츄리 형태로 만든 것으로 한국의 먹거리를 상징하는 떡과 서양의 빵을 조화시킨 퓨전 메뉴이다. 인사동점 개점 일에는 점포 인근의 주민과 행인들에게 떡을 나눠주는 오픈 행사를 가졌다.

이처럼 본사의 철저한 고객 연구를 통해 커피와 어울리는 음식만 제공하고 있다. 국내에서는 이 중에서도 한국인 입맛에 맞는 메뉴로 그 범위를 다시 좁혀서 몇 가지 메뉴를 선보이고 있다.

떡 패스츄리 외에도 인사동 매장에서는 한국 음식인 호박죽, 단팥죽, 식혜, 수정과 등 한식 메뉴 4가지를 시범적으로 판매하고 있다. 재료는 모두 주변에서 구입한 것으로 식혜와 수정과는 자체적으로 개발한 메뉴이다.

이외에도 계절 아이템 및 디저트, 케이크, 그로서리 제품은 선택 메뉴이므로 각 매장의 입점 위치나 크기, 성격에 따라 다르게 구성할 수 있다.

무엇보다도 커피 전문점은 지역 밀착형 사업이기 때문에 고객 서비스가 중요하다. 고객들의 입 소문이 매장의 홍보를 대신할 수 있는 중요한 역할을 하기 때문이다. 지역의 특성상 주부 고객이 많은지, 아니면 회사원이 많은지 지역 특성에 맞는 메뉴 개발에 신경을 써야 한다. 이러한 로컬 메뉴는 해당 지역을 체험하지 못한 사람들에게 그 지역만의 문화적인 차이를 느낄 수 있게 해주는 핵심 전략 중의 하나이다.

그 지역의 특별 메뉴를 선보여라

커피 맛이 지역마다 달라서는 안 되지만, 그 지역마다 선호하는 음료가 조금씩 다를 수가 있다. 사람에 따라서도 각각 하루에 마시는 커피의 양이 다르기 때문에 커피 이외에 다른 음료를 원하는 사람들도 있기 마련이다. 이때 그 지역의 특별한 메뉴를 선보인다면 지역민의 호응도가 덩달아 높아질 것이다.

16

아침 시장을 잡아라

최근 들어 아침 식사를 집에서 해결하기보다는, 밖에서 사먹는 사람들이 늘고 있다. 메뉴도 기존의 김밥이나 해장국 등에 한정되어 있지 않다. 회사 근처 카페에서 계란과 베이컨을 넣은 샌드위치와 커피를 마시면서 하루를 시작하는 직장인들이 계속 늘어나고 있다. 뜨끈한 국물과 밥을 먹어야 직성이 풀린다는 한국인의 입맛이 점점 서구화되고 있기 때문이다.

점심과 저녁을 타깃으로 삼았던 외식업체들은 이제 아침 시장으로 눈길을 돌리고 있다. 아침 식사 시장을 겨냥한 창업 아이템들은 주로 아침을 거르고 출근한 직장인이나 수험생, 맞벌이 부부들이 주요 고객이다.

아침 식사 아이템으로 성공하기 위해서는 아침 식사로 대용할 만한 메뉴 개발이 필수적이다. 스타벅스에서는 아침 식사용 메뉴로 모닝 샌드위치, 베이글 샌드위치, 베이글 등을 제공하고 있다.

스타벅스 아침 메뉴

●●모닝 샌드위치

부드러운 모닝 빵 사이에 삶은 달걀을 으깨어 넣거나 햄과 치
즈를 끼우면 모닝 샌드위치가 된다. 간단하게 시장기만 달래
고 맛있는 점심을 기대하는 사람에게 적합한 메뉴이다.

●●베이글 샌드위치

바게트를 옆으로 2등분한 뒤, 바닥에 치즈를 깔고 양상추 잎→슬라이스 햄→토
마토→양파와 피클 간 것을 순서대로 올리고 머스터드 소스를 뿌리면 끝이다. 분
위기 있는 케이크 세트 메뉴이다.

●●베이글

베이글 역시 인기 메뉴이다. 베이글은 유대인이 주식으로 먹
는 도넛 형태의 빵으로 밀가루를 끓는 물에 익힌 후, 오븐에
구운 것으로 구수하고 담백한 맛이 일품이다. 베이글은 저칼
로리 다이어트 식품으로 학생과 여성 직장인들 사이에서 인
기가 높아 아침 식사 메뉴로 각광을 받고 있다.

  이렇게 스타벅스는 아침 메뉴를 선보이며 직장인들이 간단하게 아침을 해결
할 수 있는 장소로 좋은 반응을 얻으면서 이들이 즐겨 찾는 명소로 자리를 굳
혀가고 있다. 이른 아침에 공복으로 정신없이 출근하는 직장인과 등교하는 학
생들에게 딱 맞는 든든한 아침 대용 커피와 샌드위치, 베이글 등의 상품을 개
발할 수 있었던 것은 특정 상황에 맞는 세분화된 시장을 정확하게 파악한 결과
이다.

  현재 아침 식사 시장은 3,500억원 규모이다. 35조원에 육박하는 전체 외식

시장의 비중으로 따져보면 고작 1%밖에 안 되는 미미한 수준이다. 그렇지만 건강의 중요성이 부각되면서 아침을 거르면 안 된다는 사회 분위기가 확산되면서 아침 시장은 더욱 활기를 띨 것으로 전망된다.

아침 메뉴를 마련하라
다양한 직종의 사람들이 하루 24시간 부지런히 움직인다. 아침 일찍 움직이는 사람들이 아침 식사와 함께 커피 한잔을 마신다는 게 그리 쉬운 일만은 아니다. 이런 고객들을 위한 아침 서비스는 스타벅스 매장의 효율적인 운영에 큰 도움이 되고 있다.

PRODUCT

17

궁합이 맞는 음식을 곁들여라

궁합은 원래 신랑 신부 간의 길흉을 의미하는 것인데, 요즈음에는 불고기와 상추처럼 음식에도 궁합이 있다는 말들이 많이 오간다. 이 궁합이라는 말은 직장 동료, 친구 간에도 해당이 되고 있으니, 대체로 짝이 되는 두 사람 또는 사물들 간의 조화를 의미한다고 할 수 있다.

상품에도 마찬가지이다. 요즘 생겨나는 많은 커피 전문점에는 빵과 음식 또는 쿠키와 초콜릿과 같은 음식을 같이 판매하고 있다. 이처럼 커피를 다른 음식과 곁들여서 판매하는 이유는 무엇일까?

가령, 커피를 판매하면서 부수적인 음식을 같이 판매하지 않는다면 손님은 어디에선가 군것질거리를 가지고 커피 전문점을 찾게 될 것이다. 이런 과거의 경험을 바탕으로 커피 전문점에서는 다른 간식거리를 장만하여 함께 판매한다.

스타벅스에서 베이커리 품목을 접목하는 이유는 케이크, 쿠키, 머핀, 파이

등이 에스프레소를 비롯하여 이를 기반으로 하는 각종 커피와 잘 어울리고 수요 또한 꾸준히 늘고 있

▲ 카푸치노와 모닝 샌드위치　　▲ 카페라떼와 스콘

기 때문이다. 베이커리 품목은 커피에 비해 수익률이 떨어지지만 내점객을 늘리기 위한 유인, 구색 상품으로서의 성격이 짙다.

　스타벅스는 이러한 상관 관계를 이해하고 전략적으로 커피와 잘 어울리는 패스츄리를 개발하여 고객들의 입맛을 맞추기 위해 노력하고 있다

　이렇게 궁합이 잘 맞는 커피와 음식을 번들로 구성하여 동일 브랜드와 다양한 맛, 다양한 브랜드를 조합함으로써 인기 품목뿐 아니라 프로모션이 필요한 제품까지 동반 판매되어, 매출과 인지도 증가에 긍정적인 효과를 거두고 있다. 이는 제품 간의 시너지 효과를 기대하는 방법 중의 하나이다.

　이런 근저에는 소비자의 입맛이 점점 세분화되고 다양화되고 있고, 개개인의 개성 추구 성향이 여러 분야에서 동시다발적으로 적용되고 있다는 반증이다. 무언가 새로운 제품을 제공하는 입장이라면 사전에 철저한 시장 조사를 하여 팔고자 하는 제품과 궁합이 잘 맞는 상품을 고른 다음, 서비스를 제공한다면 $1+1 = 2+\alpha$ 의 효과를 기대할 수 있을 것이다.

궁합이 맞는 상품은 시너지를 발휘한다
커피와 곁들여 먹으면 맛있는 음식이나 과자가 있다. 이런 음식이나 패스츄리, 쿠키 등을 같이 판매하면 고객들도 좋아하고 매출에도 적잖은 도움이 된다. 궁합이 맞는 음식을 개발하여 고객에게 솔루션 상품으로 제공하라.

RODUCT

18

간편하게 휴대할 수 있도록 하라

요즘에는 아마도 "점잖지 못하게 어디 길거리에서 먹고 다녀?"라고 말하는 사람을 거의 볼 수 없을 것이다. 이제 커피는 거리에서 즐기는 음료가 되었다.

채광 좋고 의자 푹신한 카페에서 서너 시간씩 앉아 음악을 듣고 대화를 나누던 카페의 풍경은, 이제 원두 커피를 테이크아웃해서 마시는 '스탠딩족(族)'이 북적거리는 모습으로 변하고 있다.

테이크아웃(take-out)은 '가지고 나간다'라는 뜻으로 테이크아웃 커피란 들고 다니면서 마실 수 있는 커피를 말한다. 기존의 커피 전문점과 차별화되는 스타벅스만의 독특한 특징 중의 하나가 바로 테이크아웃이다.

서양에서 음식 문화의 패스트푸드화가 가속화되면서 테이크아웃이 더욱 확산되었다. 세계적으로 유명한 패스트푸드 전문점들이 1970~80년대에 번성을 누리면서 음식의 표준화와 간편화, 운영의 매뉴얼화 등을 위해 많은 투자를 하였고 이를 바탕으로 테이크아웃은 더욱 발전할 수 있었다.

처음 들어왔을 당시만 해도, 길에서 들고다니면서 음식을 먹는 것 자체를 저급한 일로 치부하는 경우가 일반적이었다. 유교 문화에 젖어 있는 보수적인 장년 층에서는 먹거리를 들고다니는 젊은이들을 차가운 눈초리로 쳐다보며, 이들의 새로운 문화를 이해할 수 없다는 듯한 냉소적인 태도를 보였다.

초기에 스타벅스 코리아 정진구 대표와 직원들은 홍보 효과를 높이기 위해 자가용도 마다하고 지하철로 퇴근하면서 한 손에는 가방을, 또 다른 손엔 초록색 로고가 새겨진 종이 커피잔을 들고 다녔다.

그러나 불과 몇 년 지나지 않아 테이크아웃 전문점은 언제 그랬냐는 듯이 휴대전화, 노트북컴퓨터, PDA 등으로 무장한 모바일(mobile) 세대의 감각에 가장 부합한다는 평가를 받고 있다. 언제 어디서나 들고다니며 마실 수 있는 테이크아웃 스타일이 활동적이고 편리한 것을 추구하는 젊은이들의 취향과 맞아 떨어진 것이다. 사람들은 공원이나 사무실 등 원하는 장소에서 느긋하게 앉아 멋과 여유를 즐길 수 있어서, 때론 이용이 간편하고 편리해서, 바쁜데 시간 절약이 된다는 등의 이유로 많이 이용한다.

디지털 시대 소비자의 행태는 인터넷과 모바일 기기의 확산으로 인해 어디든 근거를 둬야 했던 기존의 아날로그 시대 소비자와는 분명히 다른 라이프 스타일을 보인다. 젊은이들은 두 손이 자유로운 배낭을 메고 한 손엔 휴대전화, 또 한 손엔 뚜껑 달린 종이 커피 컵을 들고 거리를 활보하며 다닌다.

테이크아웃 문화는 자유와 개방, 홀가분하고 쾌적한 삶을 추구하는 현대 소비자들의 특징을 반영하고 있다. 이러한 이유로 퀵서비스, 택배업, 테이크아웃 음식점의 성장, 휴대전화 판매량이 급증하는 등 우리 생활 전반에 걸쳐 간편하게 휴대하는 문화가 점점 늘어가고 있다.

고객에게 편리함을 제공하라
강아지를 데리고 산보하면서 마시는 커피 한잔은 젊은 여성에게 무척 기분 좋은 일이다. 간편하게 가지고 다니면서 마실 수 있는 컵과 덮개를 개발하고, 거기에 선명한 로고를 인쇄한다면 고객은 걸어다니는 광고판 역할을 해 줄 것이다.

P R O D U C T

19

고객 감동 아이디어를 개발하라

최근 장기간 지속되고 있는 경기 침체 속에서도 독창적인 아이디어와 운영 시스템을 갖추고 불황 중에도 호황을 누리고 있는 업체들이 있다.

이들 업체들은 구조조정에 따른 소비 위축을 오히려 유리하게 활용하는 역발상의 마케팅 전략을 구사하고 있다는 것이 공통점이다. 이를테면 고객층을 공유하고 있는 업종을 복합화하여 매출 증대를 도모하거나 독창적인 아이디어로 새로운 시장을 개척하는 등 다양한 시도를 하고 있다.

소규모 자영업으로 시작한 맥도널드가 오늘날처럼 성공할 수 있었던 것은 치열한 경쟁 속에서 나름대로의 독창적인 맛과 서비스를 키워왔기 때문이다. 남들이 하는 대로 무작정 따라갈 것이 아니라, 차별화된 아이디어로 주력하면 세계 시장 진출도 어렵지 않다.

스타벅스는 녹색 눈금이 그려진 커피잔을 선보이면서 타 커피 전문점과 차별화를 내세우며 세계 진출에 성공한 경우라고 할 수 있다.

▲ 커피 잔에 그려진 녹색 눈금은 각 매장마다 동일한 커피 맛을 내기 위해 스타벅스에서 독창적으로 개발해낸 것이다.

매장에서 제공하는 테이크아웃 커피 용기를 보면 녹색 테두리가 그려진 것을 볼 수 있다. 이 녹색 테두리의 의미는 무엇일까?

커피는 같은 종류의 커피라 하더라도 원료를 배합하는 비율에 따라서 그 맛이 달라지게 되며, 커피를 만드는 바리스타(barista)에 따라 달라지기도 한다.

물론 어느 정도의 커피 제조법에 대한 매뉴얼은 존재하지만, 그동안 주로 바리스타 자신의 경험이나 느낌으로 커피를 만들어야 했기 때문에 커피 맛의 표준화를 이루기에는 어려움이 있었다.

이렇게 같은 매장에서도 커피를 만드는 바리스타마다 그 맛이 달라질 수 있는데, 수많은 매장에서 제공되는 커피에서 동일한 커피 맛을 기대하기는 더욱 어려운 일이다.

그러다 보니 자연히 고객들에게서 맛이 일정하지 않다는 불만 사항이 들려오게 된 것이다. 이런 의견을 받아들여 커피 맛의 표준화를 위해서 커피잔에 원료의 비율을 표시할 수 있는 눈금을 그려넣자는 아이디어가 나왔다.

그러면 바리스타는 커피잔에 그려진 눈금에 따라 커피를 제조할 것이고 맛의 표준화도 자연스럽게 이룰 수 있다고 생각한 것이다. 예를 들어 아이스 카페라떼를 만들 때에는 첫 번째 눈금은 우유를, 그 다음 눈금은 커피를 넣고, 마지막으로 얼음을 넣는 식이다.

눈금이 그려진 컵은 다른 커피 전문점에서는 찾아볼 수 없는 독특한 아이디어라 할 수 있다. 이 아이디어로 인해 손님들은 세계 어느 매장에서나 같은 맛의 커피를 맛볼 수 있게 된 것이다. 하나의 상품이 히트되기 위해서는 고객이 원하는 제품 개발에 주력해야 한다. 기업에서는 제품 기획 단계에서부터 소비자들의 의견을 적극적으로 반영하고, 아이디어 제안팀을 따로 만들어 소비자들의 취향을 연구해야 한다.

독창적인 아이디어로 고객을 감동시켜라

스타벅스에서는 커피잔에 고객의 주문 상태를 표시하거나, 얼음의 높이를 체크할 수 있는 선을 그어 놓았다. 또한 뜨거운 커피를 잡기 편하게 슬리브를 씌우는 등 독창적인 아이디어를 개발했다. 이러한 아이디어는 모두 고객들의 의견을 적극 반영한 결과이다.

스타벅스의
감성 마케팅 5P

Price 가격

20

프리미엄 가격 정책도 전략이다

같은 장소에서 열리는 음악회라도 좌석에 따라서 티켓 값이 차이가 난다. 일반 석보다 더 좋은 좌석에서 공연을 관람하고 싶다면 좀더 높은 비용을 지불하고서라도 로열석 티켓을 끊는다. 이는 자신이 중요하게 생각하고 가치를 두고 있는 것에 대해서는 기본 가격보다 높은 프리미엄 가격을 기꺼이 지불하기 때문이다. 이와 같은 현상은 음악회뿐만 아니라 커피 한잔을 마실 때도 마찬가지로 나타난다.

우선 스타벅스의 커피 가격을 예로 들어보자. 매장에서 판매하는 커피 가격은 컵의 크기와 부재료 첨가 여부에 따라서 2,200~5,000원까지 다양한 가격대를 형성하고 있다. 커피를 주문할 때에는 먼저 음료를 무엇으로 할 것인지 선택한다. 음료의 가격은 에스프레소 2,500원, 아메리카노 2,500원, 라떼 3,000원, 모카 3,500원, 프라푸치노 4,000원 선이다.

음료를 선택했다면 그 다음 헤이즐넛, 바닐라, 카라멜 등의 부재료를 첨가할 것인지 말 것인지를 정한다. 소비자는 자신이 선택한 부재료에 따라 비용을 추가로 지불해야 한다. 시럽을 추가했다면 500원 정도의 비용이 더해진다. 만약 소비자가 카페라떼에 바닐라 시럽을 넣은 음료를 주문했다면 모두 3,500원을 지불하면 된다.

커피의 크기에 따라서도 역시 가격이 달라진다. 같은 커피라도 숏(short)나 톨(tall), 그란데(grande) 등으로 소비자가 직접 커피의 양을 선택할 수 있다. 가령, 숏(0.25리터), 톨(0.35리터), 그란데(0.47리터) 3가지 음료 중에서 소비자가 어떤 크기를 선택하느냐에 따라 가격이 각각 500원씩 추가된다.

예를 들어 카페라떼에 바닐라 시럽을 추가하고, 여기다 그란데 사이즈를 주문한다면 커피의 가격은 4,500원 이다.

이렇게 부재료나 음료의 선택에 별도의 비용을 책정하는 것은 바로 프리미엄 가격 정책의 일환이라고 볼 수 있다. 이러한 가격 정책은 커피 값이 조금 비싸더라도 더 좋은 품질을 맛볼 수 있다면 지갑을 열 용의가 있다는 소비자들의 구매 패턴을 반영한 것이다.

스타벅스에서는 아메리칸 커피 1잔을 대략 1.5달러에 판매한다. 그러나 이 가격은 던킨도너츠 동일 사이즈의 컵 커피 1.1달러보다 무려 40%나 프리미엄이 붙은 비싼 상품임에도 불구하고 더 잘 팔리고 있다. 최고의 품질에는 그에 상응하는 가격을 매길 수 있다는 소비자들의 생각이 실제로 프리미엄 가격을 지불하는 것으로 이어지기 때문이다.

프리미엄 가격 정책은 기

▲ 어떤 사이즈를 선택하느냐에 따라 각각 500원의 가격 차이가 난다. 예를 들어, 4,000원의 카페라떼 그란데 사이즈에 시럽, 휘핑크림, 드리즐, 샷을 추가한다면 소비자가 최종적으로 지불해야 하는 금액은 6,000원이 된다. 이것이 프리미엄 가격 정책이다.

본적인 서비스는 보편적 가격을 적용하되, 특급배달 같은 고급 서비스에 대해서는 지역별, 수준별로 구분하여 탄력적인 가격을 적용하는 것을 말한다. 그러므로 소비자가 피부로 느끼는 고가치에 부합하는 가격 정책으로 어필하는 것이 무엇보다 중요하다.

프리미엄의 가치를 느끼게 하라

가격으로 승부하려면 원가 우위적인 요소를 갖추고 있어야 한다. 반면 프리미엄 가격으로 가려면 그만한 가치를 느낄 수 있도록 품질과 매장 분위기 등에서 차별화된 서비스가 뒤따라야 한다.

21

품질에 목숨을 걸어라

좋은 맛을 내려면 최상급의 원료로 만들어야 한다는 정도는 누구나 다 아는 사실이다. 최고의 커피 맛을 즐기기 위해서는 질 좋은 원두, 즉 생두를 선택해야 한다. 일반적으로 커피 원두는 수많은 종류가 있으나 상업적으로 거래되는 것은 크게 로부스타(Robusta)와 아라비카(Arabica) 2가지 종류로 나눈다.

기후의 영향을 많이 받고 병충해에 약한 아라비카 원두는 해발 800~1,000 미터의 고산 지대에서 생산된다. 이 때문에 대량 생산이 어렵고 가격 또한 높다. 아라비카 원두 커피에는 그 원산지의 기후와 풍토에 따른 독특하고 복잡 미묘한 맛과 향이 깃들여 있다.

반면에 로부스타 원두는 강인한 생명력을 가지며 평지에서 대량 생산이 가능하다. 따라서 가격이 저렴하여 인스턴트 커피의 원료로 많이 사용된다. 로부스타 원두는 아라비카 원두와는 달리 원두 자체에서 뿜어내는 강렬한 맛과 향이 상대적으로 약하므로 주로 인공 향을 첨가한다. 즉 바닐라 향, 헤이즐넛 향

등을 넣어 대중의 입맛에 맞게 가공한다

스타벅스 커피는 바로 고급 '아라비카' 원두를 사용한다는 점에서 경쟁력을 가지고 있다. 질 좋은 원료를 사용하니 당연히 커피의 원가는 올라갈 수밖에 없다. 스타벅스 커피 가격이 다른 곳에 비해 비싼 이유가 바로 여기에 있다.

그렇다면 이런 고급 커피의 원료인 아라비카 원두는 어떤 과정을 거쳐 구매하는 것일까?

스타벅스는 세계에서 가장 좋은 아라비카 원두를 구입하기 위해 세계적인 차원에서 소싱할 수 있는 체계를 구축하고 있으며, 최고의 원료를 구하기 위해 정기적으로 세계 탐방 여행을 실시하고 있다.

커피는 주로 수출업자에게서 공급을 받는다. 커피 농장들은 대부분 영세하여 스스로 수출 판매처를 잡는 일이 어렵기 때문에 중간상인 수출업자를 통해 커피를 판매한다. 따라서 커피 브랜드의 공급자는 수출상이라고 볼 수 있다.

스타벅스는 커피를 구입할 때 견본을 일차적으로 테스트 하고, 선적을 할 때 다시 2차 테스트를 하고, 마지막으로 선상에서 다시 한번 최종 테스트를 거친

▲ 최고급 아라비카 원두를 사용하는 것이 스타벅스 커피가 경쟁력을 유지하는 비결이다.

다. 3차에 걸친 테스트 결과, 만약 커피의 질이 기준에 미치지 못한다면 그 즉시 구입을 거절할 수 있다. 이처럼 커피 수출업자들에게 커피를 구입할 때는 매우 신중하고 까다롭게 대처한다.

하지만 세계적으로 엄청난 수의 매장을 보유하고 있는 대규모 커피 브랜드이니 만큼 한번에 구입하는 양도 엄청나다. 뿐만 아니라, 스타벅스에서 가장 중요하게 여기는 것이 커피의 맛이므로 구입하는 고품질의 커피에 대해서는 그만큼 가치를 지불한다. 따라서 원두 커

피 수출업자들 입장에서는 스타벅스가 최고 수준의 커피를 대량으로 구매하는 아주 큰 고객이라고 할 수 있다.

커피의 품질은 브랜드력을 강화하는 데 매우 중요한 작용을 한다. 독특한 커피 맛은 바로 엄격하게 통제된 품질 기준에서 비롯된다는 사실을 꼭 기억해야 한다.

품질을 유지할 수 있는 프로세스를 갖추어라

최고의 품질을 원한다면 원료의 선별에서부터 운송, 제조, 보관 등 일련의 프로세스가 품질을 보증할 수 있도록 이루어지고 유지되도록 해야 한다.

22

어울리는 부가 상품을 팔아라

스타벅스는 커피와 더불어 신선한 패스츄리, 샌드위치, 샐러드를 제공하고 있다. 매장에서 판매되는 패스츄리 종류는 전량 조선호텔에서 공급을 받고 있다.

조선호텔 내에는 스타벅스 매장에서 판매하고 있는 베이커리 제품을 제조하는 라인이 별도로 마련되어 있다. 이 라인에서는 반죽, 성형, 소성, 데코레이션, 포장라인 등으로 구성되고, 엄선된 재료를 사용한 정통 플레인 치즈케이크와 아메리칸 타입의 스콘, 마블케이크 등 27개 품목을 생산하고 있다.

▲ 머그잔, 텀블러, 프레스 등 커피 관련 상품을 선보이면서 자연스럽게 부가 상품의 판매를 유도한다.

현재 매장에서 판매되는 빵의 가격은 스콘류는 1,200원~1,500원이 주를 이루며, 머핀류는 1,500~2,000원 사이, 샌드위치는 2,500~3,200원에 판매되고 있다. 이러한 베이커리 품목의 매출이 전체 매출에서 적게는 10%, 많게는 20%까지 차지하고 있다.

매장에서 판매하는 것은 커피와 패스츄리만이 아니다. 머그잔, 텀블러, 프레스, 커피메이커 등의 관련 상품도 판매하고 있다. 예전에 가정에서 마시던 커피는 대개 인스턴트 커피가 주였으므로 커피잔과 주전자만 있으면 해결되었다. 그러나 원두 커피가 국내에 유행되기 시작하자 가정에서도 원두의 맛을 느끼고 싶은 소비자들이 늘어나면서 배전두를 가루로 갈고 추출해 따라 마실 수 있는 분쇄기, 추출기 그리고 커피잔 등에 대한 수요가 늘어나고 있다. 이런 상품의 가격대는 천차만별이다. 머그잔의 가격은 5,000원에서 몇 만원 대에 이르기도 하고, 커피메이커는 수십 만원 대의 제품까지 다양하다.

또한 회사의 분위기와 이미지에 어울리는 음악을 엄선하여 매장에서 들려준다. 처음에는 매장 안에서 세미 클래식 음악을 주로 들려주었으나, 소비자들에게 더욱 편안하게 다가갈 수 있고 다양한 음악을 선사하고자 재즈 장르의 음악도 자주 들려준다.

소비자들 중에 방금 들었던 음악의 CD를 사고 싶다는 요구가 하나 둘씩 생겨나자 아예 앨범을 만들어 매장 안에 전시하면서 팔기도 하고 인터넷 주문도 가능하게 하였다. 이런 부가 서비스를 함으로써 고객들은 커피숍에서 느낄 수 있는 훈훈한 기분을 집에서도 만끽할 수 있는 것이다.

스타벅스가 세계 제일의 커피 전문점이 된 이유는 단지 커피를 잘 만들기 때문만은 아니다. 근사한 매장에서 맛있는 커피를 제공할 뿐만 아니라, 커피를 매개로 하여 전반적인 문화를 느낄 수 있는 기회를 주기 때문이다.

원-스톱 쇼핑 공간을 만들어라
대부분의 고객들은 마음에 드는 장소에서 원-스톱으로 쇼핑하길 원한다. 그런 의미에서 관련 상품을 묶어서 파는 솔루션 판매도 효과적인 전략 중의 하나이다.

23

가격 할인이 능사는 아니다

불황기엔 어떤 단어가 가장 인기가 좋을까? 뭐니해도 '할인'이라는 말 만큼 인기 좋은 단어도 찾기 힘들 것이다. 경기가 나쁜 요즈음은 웬만한 사람들도 정가대로 다 주고 물건을 사는 법이 없다. 경기 탓도 있지만 이제 세일 행사나 할인점 쇼핑이 일반화되었기 때문이다.

그래서인지 패밀리 레스토랑을 찾을 때면 할인 카드를 활용하는 손님들이 대부분이다. 실제로도 요사이 패밀리 레스토랑은 할인 카드를 사용하여 많은 수의 신규 고객을 유치함과 동시에 브랜드 홍보에도 성공을 거두고 있다. 일단 브랜드를 인식하게 되고 그에 따른 음식의 맛과 서비스에 길들여지고 나면 거의 대부분이 재방문을 하기 때문이다.

스타벅스에서는 현재 카드 회사와 제휴하는 형태의 가격 할인 정책은 실시하고 있지 않다. 다만 현대 여우 카드와 다이너스티 카드를 소지한 고객들은 10% 할인을 해주고 있는데, 이는 카드 회사에서 자신의 고객들을 대상으로 금액을 보조해주고 있는 형태이다. 그러므로 실제적으로 커피 주문을 할 때 스타벅스 자체적인 가격 할인은 없다.

사실 기업에서는 불황이 계속되고 매출이 떨어지면 가장 먼저 떠올리는 대책이 바로 가격 인하이다. 그럼에도 불구하고 스타벅스에서 가격 할인 정책을 쓰지 않은 이유는 무엇일까? 이는 장기적인 브랜드 이미지 관리를 위해서다.

백화점을 가보면 일년 내내 가격 할인을 하는 브랜드가 있는가 하면 불황기에도 '노세일(no sale)' 정책을 고수하는 브랜드가 있다. 계속적인 가격 할인은 소비자가 제품에 대한 자부심을 갖게 하는 데 저해 요인으로 작용한다. 그래서 자칫 섣부른 가격 인하는 매출을 높이기는커녕 '우리 가게는 장사가 안돼서 가격을 낮춥니다' 또는 '상품 질이 떨어졌으니 그리 아십시오'라는 광고를 내는 것과 다름없는 결과를 초래하기도 한다.

반면에 '노세일' 제품은 비싸다는 사실만으로도 제품의 품질을 입증하는 것처럼 인식될 수도 있어, 가격 그 자체가 다른 제품과 차별화를 말해주는 요소가 된다.

일반적으로 매출이 10~30% 가량 줄었을 때 가격을 10~20% 정도 낮추면 매출이 오를 것으로 기대하기 쉽지만, 실제로 비쌀 때 안 팔리던 물건이 가격을 낮췄다고 해서 더 많이 팔리는 사례는 그리 많지 않다. 손님이 늘더라도 호기심을 자극한 반짝 호황일 가능성이 높기 때문이다.

가격 할인 정책은 일시적인 매출 증대는 기대할 수 있지만, 가격을 낮추면서 원가 비중 또한 커졌으므로 실제 매출이 기대보다 2배 이상 오르지 않는다면 가격을 낮추지 않았을 때와 순 수입액은 거의 비슷하다. 그러므로 무조건적인 가격 할인이 모든 어려움을 해결해줄 것이라는 생각은 버리는 것이 좋다.

다양한 가격 정책을 세워라
대표 상품의 가격을 유지하기 위해서는 경제성을 강조한 다른 상품을 믹스하도록 한다. 스타벅스의 경우도 가격대가 비교적 저렴한 아메리칸 커피를 판매하고 있다.

24

브랜드 이미지를 팔아라

나이키, 샤넬, 소니, 코카콜라 등의 브랜드는 이제 우리 생활의 일부로 자리를 잡았다. 아이들이 가지고 노는 장난감에서부터 음료수, 휴대전화, 담배에 이르기까지 우리 생활 구석구석에서 쉽게 브랜드를 만날 수 있다.

이들 브랜드 속에는 연상되는 것들이 수없이 많이 담겨져 있다. 유명 브랜드를 통해서 연상되는 것들은 하나의 독특한 인상과 이미지로 다가온다. 브랜드는 무한한 잠재력을 가지고 있으며, 소비자가 원하는 제품의 성능과 품질은 물론이고, 사랑과 추억과 환상 등 무형의 이미지까지 담아내는 그릇이다.

한 지역에서 통하던 제품이 브랜드의 날개를 달고 전국 또는 전세계를 누비는 유명 제품으로 탈바꿈하는 사례는 이제 뉴스거리도 되지 않는다. 세계적인 유명 브랜드들은 소비자들의 변치 않는 사랑을 얻기 위해 지속적이고 체계적인 마케팅 노력을 기울인다.

코카콜라, 맥도널드, 나이키에서 스타벅스에 이르기까지 브랜드의 자산가치가 얼마인지, 세계 100대 브랜드는 어떤 것인지에 대한 조사 자료가 나올 때마다 전세계 업계가 비상한 관심을 갖게 되는 것도 모두 브랜드 경쟁 시대의 한복판에 서있음을 실감나게 한다.

스타벅스 커피가 다른 회사의 커피보다 맛있다고 할 수 있을까? 소비자에 따라서는 반드시 그렇지 않을 수도 있다. 제품과 서비스는 경쟁 회사의 수준과 거의 엇비슷할 것이다. 하지만 브랜드는 그 제품과 서비스를 여타 경쟁 회사의 것보다 훨씬 높은 수준으로 차별화하는 힘을 가지고 있다.

하워드 슐츠 회장은 1987년 시애틀 한복판에다 첫 매장을 오픈할 당

순 위	회사명	브랜드가치 (억달러)
1	코카콜라	696
2	MS	641
3	IBM	512
4	GE	413
5	인텔	309
8	맥도널드	264
21	소니	139
31	델	92
34	삼성	83
45	펩시	64
50	애플	53
67	야후	39
93	스타벅스	20
100	아르마니	15

세계 100대 브랜드(2002년, 자료: 인터브랜드)

시부터 프리미엄 가격 전략을 철저하게 고수해오고 있다. 이러한 프리미엄 가격 전략이 성공을 거둘 수 있었던 이유는 이미지를 상품화하고, 브랜드의 이미지를 판매하는 것에 초점을 두었기 때문이다.

즉, 소비자들은 1,000원 이하의 자판기용 커피 또는 캔 커피를 마시는 대신 3,000~5,000원 하는 비싼 커피를 '즐기기' 쪽으로 선택한 것이다

스타벅스는 고품격의 이미지만 갖추고 있다면 가격에는 그다지 신경 쓰지 않는 귀족 소비자들을 타깃으로 삼아 그 시장에 본격적으로 진출했다. 마니아 층은 고급스러운 브랜드 이미지를 추구하고 전문화된 커피를 선호하기 때문에 조금 높은 가격은 그다지 문제가 되지 않는다. 왜냐하면 이들은 커피의 기준

가격을 품질과 심리적 하이 퀄리티(high quality)에 두고 있기 때문이다.

스타벅스는 이러한 젊은 층의 사고 방식에 맞춰 프리미엄 가격을 충분히 커버할 만한 고급스러운 브랜드 이미지를 만들어낸 것이다.

이미지가 자신의 신분을 대변하도록 하라

고객이 그 회사 브랜드를 좋아하고 그 회사의 이미지가 자신의 신분을 대변해준다고 느낄 수 있도록 고급의 브랜드 이미지를 만들어라.

PRICE

25

문화적 욕구를 충족시켜라

스타벅스의 하워드 슐츠 회장이 쓴 『스타벅스 - 커피 한잔에 담긴 성공 신화』
를 보면 '나이키와 스타벅스는 마진이 적은 상품 시장에 뛰어들어 해당 상품을
세계적인 문화적 상품으로 발돋움하게 만들었다'라고 하며 나이키와의 유사성
을 지적하고 있다

나이키가 전면으로 부상하기 전까지만 해도 신발은 오랫동안 저가의 생활
필수품에 불과했다. 그런데 나이키가 이런 상황을 깨고 나이키를 특수한 계층
의 사람들만 신을 수 있는 문화 가치가 높은 상품으로 끌어올리게 된 것이다.

누가 나이키를 신는가? 세계 최고의 운동 선수들이 나이키를 구매한다는 차
별적 메시지와 기능을 제안하며 소비자 가격을, 당시로는 놀라울 정도의 수준
으로 올렸다.

나이키가 '최고의 운동 선수'를 상징하며 단순한 제품 이상의 훨씬 높은 숨
은 가치를 내포하고 있듯이 스타벅스도 '고객을 따뜻하게 초대하는 분위기'를

만들고자 노력했다. 즉 커
피를 문화 상품으로 접근
하고자 했던 것이다.

　스타벅스에서 커피 사
업은 제품 판매라기보다
는 일종의 문화 사업에 속
할 정도로 광범위하다. 커
피 원두를 일반적인 용도
의 '범용품'으로 판매할
때는 파운드 당 1달러를 받지만, 그것을 인스턴트 커피처럼 포장된 '제조품'으
로 팔면 1컵 당 5~25 센트를 받을 수 있다. 나아가 커피숍에서 커피를 서비스
해주면 부가 가치가 더욱 높아져 1컵에 50센트~1달러를 받는다.

　스타벅스는 이러한 독특한 고객 체험을 가미하여 1컵 당 4~5 달러에 판매하
고 있다. 고객들은 이제 인스턴트 커피를 구매하기보다는 자신만의 독특한 경
험을 만끽할 수 있는 커피를 더욱 선호한다. 물론 커피 맛이 좋아서 매장을 이
용하는 사람도 있을 것이다. 그러나 많은 사람들이 커피 맛보다는 다른 곳에
서는 느낄 수 없는 '새로운 커피 문화'를 접하기 위해서 이곳을 찾는 경우가
대부분이다.

　물 빠진 청바지에 콤비를 걸친 40대 남자의 손에는 경영 전문 잡지인 포브스
(Forbes)가 들려 있고, 다른 한 손에는 테이크아웃 커피가 들려 있다. 경제적인
여유가 묻어나는 자신만의 격조 있는 소비 감각을 드러내놓고 즐기는 보보스
(bobos) 족들의 이러한 행태는 이들을 동경하는 사람들로부터 열풍을 불러일으
키고 있다.

　최근의 소비자들의 움직임을 보면, 경제적 소비자로서 뿐만 아니라 문화적
소비자로서도 중요해지고 있는 추세이다. 소비자들은 감성적 욕구와 상징적
욕구를 충족시키고 독특한 소비 경험을 제공해줄 수 있는 상품을 선호한다.

이제 기업들은 자사의 제품들이 소비자에게 어떤 문화적 이미지를 전달할 것인지 진지하게 고려해야 한다. 이는 제품 개발 때마다 흔히 얘기하는 고객 층, 제품 및 브랜드의 아이덴티티, 시장의 트렌드만으로는 부족한 그 무엇을 채워줄 문화적 코드로 접근해야 한다.

제품의 기능보다 활용에 초점을 맞춰라
제품의 기능을 강조하기보다는 그 제품을 이용하는 상황을 만들고 그 상황에서 스토리를 엮어내도록 연출하라. 이 과정에서 고객의 경험을 중시하고 그것을 널리 알리는 데 주력하라.

PART 2
스타벅스의
감성 마케팅 5P

Place 유통

26

재충전의 공간을 제공하라

용인 에버랜드의 '지구마을' 이란 놀이 시설은 어른, 아이 할 것 없이 모든 사람들에게 인기가 좋다. 관람객들은 10여분 가량 배 위에 앉아서 세계 여러 나라의 전통 의상을 입은 800가지 인형들의 살가운 몸짓에 매료된다. 인형들이 연출하는 18개국의 의상 쇼 장면은 아이들에겐 언젠가 한번 가 보고싶은 '이상향' 으로, 어른들에겐 잠시나마 일상을 떠나고픈 '현실도피처' 의 역할을 톡톡히 해준다.

요즘 사람들은 일률적인 성장 제일주의식 문화에 조금씩 지쳐가고 있다. 반면에 개성을 추구하면서 조금은 사치스러운 휴식과 여유 있는 삶을 원한다. 스타벅스는 이러한 사람들의 욕구 변화에 착안하여 커피 시장으로 뛰어든 대표적인 업체이다. 즉, 커피 전문점이라고 해서 원두 커피만 팔 것이 아니라, 이탈리아처럼 커피 한잔을 통해 신비와 로맨스까지 느낄 수 있는 여유로운 공간으로 만들어야 한다는 데서 출발하고 있다.

그래서 매장을 채우는 커피 향에 많은 신경을 쓰고 머그잔은 이탈리아 화가들의 그림으로 꾸미는 노력을 병행하는 등 100년간 커피 시장을 지배해왔던 기존과는 다른 커피 문화를 지향한다.

주로 서울과 수도권 지역에 들어서 있는 스타벅스는 바쁜 일상에 쫓기며 스트레스를 받으면서 살아가고 있는 현대인의 라이프 스타일에 착안하여 만들어졌다. 그래서 항상 시간과 스트레스에 쫓기는 이들에게 잠시나마 쉬었다 갈 수 있는 '제3의 장소'를 제공해주고 있다.

'제3의 장소'란 집이나 직장 다음으로 편한 장소, 다시 말해 사람들이 모여서 집안 일이나 직장 스트레스를 잊고 잠시 쉬어가며 이야기할 수 있는 공간을 의미한다. 그래서 대부분의 매장은 고객들과 강력한 유대 관계가 형성되도록, 현관 앞뜰의 연장선인 것처럼 사교적 모임을 편안하게 가질 수 있는 제3의 장소에 초점을 맞추었다.

매장에 들어서면 따뜻하고 세련된 분위기가 손님들을 맞이한다. 안락한 소파에 앉아 좋은 음악을 들으며, 커피에 대한 여러 가지 조언도 듣고, 내가 이곳에서 대접 받는다는 편안한 느낌까지 받으며 커피를 마실 수 있는 공간이다.

스타벅스는 브랜드를 비롯한 고품질의 커피를 파는 것뿐 아니라 손님들의 마음을 편안하게 안정시켜주는 공간을 팔고 있다. 커피만 팔던 매장이 브랜드와 감성까지 섞어파는 '감성 매장'으로 인식되고 있는 것이다.

감성 매장을 만들어라

요즘 사람들은 커피 한잔을 마시더라도 분위기를 생각하면서 마신다. 친한 친구와 맛있는 커피를 즐길 수 있는 분위기 좋은 공간이라면, 그 매장은 고객들의 발길이 끊어지지 않을 것이다. 단순히 커피 한잔을 파는 곳이 아니라 커피의 분위기도 같이 팔 수 있는 감성 매장을 만들어라.

만남의 장소로 만들어라

30년 전에는 강남역의 뉴욕제과 근처도 주변이 썰렁했다. 그 당시에는 지금처럼 유흥 시설도 많지 않았고, 뉴욕제과 간판이 제일 크고 화려해서 금방 눈에 띄어 누구나 쉽게 찾아올 수 있었다. 그래서 강남역에서 약속이 있을 때면 으레 '뉴욕제과'라는 단어가 일종의 이정표의 구실을 했다.

그러던 것이 스타벅스가 강남역 근처에 들어서면서부터, 약속 장소를 뉴욕제과에서 스타벅스로 정하는 사람들이 점점 많아지고 있다.

"스타벅스에서 만나자."거나 아니면 "스타벅스를 끼고 오른쪽으로 돌면 돼." 하는 식으로 예전의 뉴욕제과처럼 강남의 새로운 이정표로 떠오르고 있다.

스타벅스는 초기부터 매장의 위치를 결정할 때 수익뿐만 아니라 이미지 관리에 도움이 될 만한 위치를 우선적으로 선정했다. 그래서 위치를 정할 때 그 지역의 '상징(Landmark)'이 될 수 있는지를 꼼꼼히 따져본다.

주로 매장을 강남역, 교대역, 종각역 등 지하철 역 근처에 입점시킴으로써 장소를 쉽게 인식할 수 있고 찾아오기도 편리하다는 이점을 활용한다. 이런 방법으로 많은 사람들에게 인식되다 보니, 자연스럽게 상징적인 약속 장소로 자리매김하고 이곳을 찾는 고객들도 많아지게 되었다.

▲ 스타벅스 강남역점. 교통이 편리하고 접근이 용이한 관계로 자연스럽게 상징적인 약속 장소가 되며, 찾는 고객들이 늘게 된다.

일반적으로 사람들을 많이 끌어 모으기 위해서는 접근이 쉬워야 한다. 즉, 고객이 그 매장을 방문하기 위해서 위치를 한번만 들어도 쉽게 기억할 수 있는 장소여야 한다.

매장의 활성화를 도모하기 위해서는 지리적인 편리성과 상징적인 장소라는 것을 강하게 어필할 수 있는 곳을 선정해야 한다. 그런 의미에서 특히 도로나 지하철 근처, 버스 노선이 잦은 곳 등 교통 체계가 원활하여 사람들이 모이기 쉬운 곳을 일러 좋은 입지 조건을 갖추었다고 하는 것이다.

만남의 장소로 만들어라
커피 전문점이나 패스트푸드점 등은 사람들이 주로 약속하고 만나는 장소이므로, 그 지역의 상징 공간으로 만든다면 접객 효과가 배가 된다. 가능한 한 교통이 좋고 찾기 쉬운 곳에 점포를 개설하라.

P L A C E

28

일관성을 유지하라

제품 자체의 차별화를 통해 경쟁 우위를 확보하기가 점점 어려워지고 있는 요즘 소비자들은 제품을 선택할 때, 제품의 질뿐만 아니라 그 제품이 가지고 있는 전반적인 이미지를 중요하게 여긴다.

스타벅스의 경우 미국 전역의 일관되고 통일적인 이미지 창출이 곧 성공의 열쇠가 되었다. 일관성 있는 이미지로 소비자들의 감성을 사로잡은 것이다.

매장의 디자인은 본사에서 직접 한다. 스타벅스는 미국 본사 직원 2,000명 가운데 인테리어 디자인 부서 인력이 200명이나 될 정도로 디자인 분야에 많은 노력을 기울이고 있는데, 그들은 각 도시의 특정한 이미지를 먼저 연구한 뒤에 해당 도시에 적합한 디자인을 만든다.

국내 인사동 매장의 경우 기존 커피 전문점을 인수해서 이를 우리나라 전통 스타일로 꾸며 놓았다. 이 매장은 7,000개에 이르는 전세계 매장 가운데 유일하게 한글 간판을 쓰고 있다. 외형도 한국 전통 건물을 연상시키는 창살 모양,

상감 양식과 고전 문양을 최대한 살려 한국의 전통미를 표현하고 있다.

이처럼 매장 분위기는 지역의 특성에 따라 조금씩 차이가 나지만, 점포가 위치한 상권에 맞추어 주변 분위기와 가장 어울리는 스타일을 모아 인테리어 디자인을 창조하고 조합한다. 대부분 인테리어와 소품 디자인은 커피와 관련된 것으로 꾸미고 있다.

카운터 및 상표 디자인이 있는 부분의 밝은 나무 색조와 갈색 봉지, 긴 머리를 늘어뜨린 여인상이 등장하는 초록색 로고 등은 모두 환경 친화적인 모토를 내세우고 있다는 걸 보여준다. 이러한 자연적인 요소들은 세련되고 현대적인 느낌과 잘 혼합되어 독특한 느낌을 준다.

스타벅스는 조화와 대조가 절묘하게 교차하는 특유의 일관성 있는 스타일을 고수하고 있다. 부드럽고 윤이 나는 밝은 색조의 나무, 어두운 색의 대리석, 내부가 그대로 드러나 보이는 유리 벽면, 그리고 질감과 색조에서 자연과 하이테크의 배합을 통한 세련된 이미지 등은 고객들에게 편안함과 고급스러움의 이미지를 안겨주는 요소들이다.

또한 상점 내부에는 커피 블렌더를 포함하여, 머그잔, 텀블러 등과 같은 커피 관련용품과 로고가 새겨진 다양한 상품들을 전시, 판매함으로써 커피를 마시는 시간을 좀더 늘릴 수 있도록 유도하고 있다.

이러한 외관과 매장 내 분위기는 한국의 매장에도 그대로 적용되어 좋은 호응을 얻고 있다. 시각적인 요소를 도입하여 깔끔하고 조직적이며 일관되게 사용하면서도, 다양한 요소들을 변화시켜 시각적인 자극을 주기 때문이다.

▲ 인사동 매장의 경우 한글로 간판을 쓰고 우리나라 전통 스타일로 꾸며 놓았다. 스타벅스는 조화와 대조가 절묘하게 교차하는 특유의 일관성 있는 스타일을 내세우고 있다.

사람들은 어떤 것에 강한 이미지를 느끼게 되면 대상이나 사물에 대한 객관적 정보나 지식보다는 이미지에 따라 반응하는 경향이 있다. 이러한 이미지는 커피 맛에도 커다란 영향을 끼칠 만큼 강력하여 매출과도 직결된다.

매장 전체에 일관성을 심어주어라

고객들이 우리 매장을 기억할 때 가장 먼저 떠오르는 게 무엇인지 생각해보자. 단지 여러 개의 단편적인 기억 외에 명확한 이미지가 떠오르지 않는다면 고객은 결국 아무것도 기억할 수 없게 된다. 고객이 확실하게 기억할 수 있도록 매장의 전체적인 분위기를 일관성 있게 만들어라.

PLACE

29

체험하게 하라

예전에는 물건을 튼튼하게 만들기만 하면 잘 팔리던 시대였다. 그러나 이제는
좋은 품질은 당연한 조건이고, 이보다 더 남다른 '체험'을 할 수 있는 상품들
이 잘 팔리는 추세이다. 독특한 서비스나 각종 이벤트를 통해 상품과 브랜드
이미지를 꾸준히 심어주어야만 소비자를 '고객'으로 변신시킬 수 있다. 즉, 구
매를 결정하는 중요한 변수로 '체험'이 꼽힌다는 뜻이다.

이러한 체험의 요소를 적절히 잘 배합한 곳이 스타벅스 커피 전문점이다. 단
1개의 소매점에서 출발했던 스타벅스는 제너럴 푸드, 네슬레 등 커피 산업의
쟁쟁한 선발 기업들을 물리치고 오늘날 전세계 7,000개의 매장을 거느린 최고
의 커피 브랜드로 성장하였다.

사실 1970년대 이래 미국의 커피 시장은 소비량이 지속적으로 감소하는 대
표적인 사양 산업이었다. 그러나 고급 커피에 대한 소비자들의 잠재 욕구를 일
찍이 발견한 스타벅스는, 이를 충족시키기 위해 단순히 커피만 팔기보다는 커

▲ 매장에서 파는 것은 단순한 커피가 아니라 커피, 서비스 등을 종합적으로 제공하는 '쾌적한 경험'이다.

피와 함께 병행할 수 있는 부가 사업을 염두에 두었다. 이국적 분위기라든지, 친절한 서비스, 재즈 음악 등 로맨틱한 만남의 장을 만드는 새로운 커피 사업을 고안해낸 것이다

생필품으로서의 커피 원두는 파운드 당 3,000원 안팎에 구입이 가능하다. 그런데 캔에 담긴 커피는 1000원, 원두가 고객 체험의 장을 통할 경우에는 1잔에 3,000~4,000원에 판매된다. 왜 그럴까? 스타벅스는 단순히 커피를 구매하는 장소 이상의 의미를 지니고 있기 때문이다.

소비자는 커피를 사는 것이 아니라 맛있는 커피를 우아하게 마실 수 있는 경험을 사고 싶은 것이다. 편안한 인테리어와 잔잔한 음악, 다양한 커피 관련 기구로 독특한 분위기를 연출하고 있는 스타벅스는 국내 고객이 지금까지 해보지 못한 새로운 경험을 안겨준다. 맛과 향, 다른 커피숍에서는 느낄 수 없는 차별화된 분위기를 고객들에게 제공하고 있다

그래서 소비자들은 초록 로고를 보는 순간 쾌적한 인테리어와 분위기를 떠올린다. 매장에서 파는 것은 단순한 커피가 아니라 커피, 서비스를 아우르는 '쾌적한 경험' 이상을 팔고 있는 것이다. 이런 모든 요소들이 시너지 효과를 불러일으켜서 봉지 당 1,000~2,000원에 불과한 커피가 1잔에 몇 천원씩 하는 고가의 기호품으로 변신하게 된 것이다. 체험을 통한 만족의 부가가치를 잘 보여주고 있다.

이제 고객들은 제품을 구입할 때 평준화된 품질을 따지기보다는 자신만의 독특한 체험과 개성을 중시하며 합리적이고 이성적인 의사뿐만 아니라 감각적이고 감성적인 부분에 더 많이 의존한다는 것을 알 수 있다.

이처럼 브랜드가 부각되는 정보화 사회에선 더 이상 상품 자체의 우수성만을 강조하는 '특징(features)과 편익(benefits) 중심의 전통적 마케팅 전략'은 힘을 발휘하지 못한다. 급격한 기술 발달로 기업들은 제품 간의 차별화를 꾀하기가 점점 더 어려워졌고, 또한 고객들은 제품의 품질은 당연한 것으로 받아들이는 분위기라서, 스타벅스가 추구하는 남다른 '체험'은 구매 결정의 중요한 변수가 될 수밖에 없다.

체험할 수 있는 상품을 제공하라

고객들은 체험을 했을 때 가슴에 와닿는 상품을 만나길 원한다. 이러한 고객들은 자신의 즐거운 체험을 다른 사람에게도 전하고 싶어 한다. 즉 고객이 다른 고객을 데리고 오는 효과로 이어지게 된다.

PLACE

30

향이 나게 하라

최근 외식 관련 산업이 확대되면서 '향기 마케팅'이 새로운 판매 기법으로 각광 받고 있다. 냄새는 사람의 식욕을 자극한다. 사람들은 이 향기에 취해 지갑을 열고 맛있는 냄새가 흘러나오는 곳으로 발걸음을 옮긴다. 많은 기업들은 이러한 향기로 사람들을 자극하여 무의식적인 반응을 유도하고 있다. 향기 마케팅을 활용하는 판매 기법은 웬만한 판촉 행위보다 더 많은 손님들을 끌어들이며 매출 신장에도 크게 기여하고 있다.

점심 시간에 어딘가에서 풍겨오는 음식 냄새를 맡고 점심 메뉴를 결정하는 사람들, 빵 굽는 냄새가 너무 좋아서 빵집으로 들어가는 사람들, 똑 쏘는 독특한 향에 끌려서 카레 전문점으로 들어가는 사람들…….

커피 전문점 스타벅스는 먼저 커피 향으로 고객을 유혹한다. 일단 매장에 들어서면 커피 향이 온 몸을 감싼다. 사람들의 머릿속에는 후각으로 인식된 커피 향이 직접적으로 인식되어 미각을 자극한다. 이런 효과는 우리가 제품을 구매할 때도 그대로 나타난다. 실제로 상당수의 고객들이 커피 향에 이끌려 커피 전문점을 자주 방문한다고 하니 향기가 매출에 직접적인 영향을 미치고 있는 셈이다.

스타벅스는 고객들의 후각을 자극하기 위해 매장을 개점하기 전날 커피와 빵을 무료로 대접하는 행사를 꼭 여는데, 이는 새 단장을 한 매장의 페인트 냄새를 없애고 커피 향이 매장 안에 골고루 스며들도록 하기 위함이다. 그런가 하면 문을 열 때마다 외부로 커피 향이 자연스럽게 새나갈 수 있도록 매장을 일직선 구조로 디자인한다. 또한 매장 내에 커피 향이 오래도록 머물게 하기 위해 매장 안에서는 금연 규칙을 내세우고 있다.

초창기 때는 금연 장소라는 것을 인식하지 못한 일부 손님들이 금연에 대해 부정적인 의견을 내비치기도 했다. 그러나 커피는 다른 음료와 달리 후각적인 영향을 민감하게 받기 때문에 내부 금연 정책을 꾸준히 실시하고 있다.

커피 향을 보존하기 위한 노력은 여기서 그치지 않는다. 스타벅스는 천연의 자연스러운 향을 고수하기 때문에, 인공 향이 나는 커피는 일절 판매하지 않는다. 패스츄리나 샌드위치 등의 베이커리 제품은 조선호텔에서 직접 받아 제공하고 있으며, 수프나 훈제고기, 요리된 음식 등 향이 강한 음식물은 판매하고 있지 않다.

또한 화장실에도 커피 향을 잡아먹는 방향제를 놓지 않고 있으며, 매장 직원들에게도 향수나 화장수 사용을 금하고 있다. 고객들이 오로지 커피 향기만을 음미하기를 바란다. 이처럼 소비자들의 후각에 자극을 주는 향기 마케팅은 눈으로 발견할 수 없는 '느낌과 인상'을 부여함으로써 판매 촉진을 유도하는 견인차 역할을 한다.

향기로 고객의 발길을 끌어당겨라

먹고 마시는 장소에서 나는 불쾌한 냄새는 고객을 내쫓는 역할을 한다. 반대로 은은한 커피 향이나 맛있는 음식 냄새는 고객의 후각을 자극하여 발길을 끌어당긴다.

31

입맛을 잡아라

"신세대들의 톡톡 튀는 입맛을 잡아라!"

최근 빠르게 변화하는 신세대들의 소비 패턴에 입맛을 맞춘 신규 업종들은 항상 새로운 메뉴를 준비한다. 신세대는 구매력이 높은 대표적인 집단으로 합

▲ 커피에 설탕을 첨가하거나 우유 또는 생크림 심지어 버터까지 넣어 신세대들의 '움직이는 기호'에 맞추는 집중력과 순발력을 발휘한다.

리적인 소비 경향을 보이는 것이 특징이다. 그렇지만 강한 구매력을 가지고 있는 만큼 변화의 폭도 심한 대상이라 세심한 관찰이 요구되기도 한다.

스타벅스는 20~30의 신세대들이 주로 찾는다. 물론 이들을 사로잡는 무기는 스타벅스만이 자랑하는 커피 맛에 있다고 할 수 있다. 커피를

좋아하는 사람들은 커피 특유의 강한 맛과 진한 향기를 즐긴다. 그래서 스타벅스 커피 맛을 보고 나면 다른 커피는 못 마신다는 열렬 마니아들도 생겨나고 있다.

매장에서 판매하는 커피의 종류만 해도 30여 가지가 넘는다. 각 음료마다 서로 다른 맛과 독특한 향을 지니고 있어,

▲ 매장에 준비된 컨디먼트 바에는 설탕, 시럽, 파우더, 머쉬멜로우 등 여러 종류의 부재료를 구비해놓고, 고객들이 다양한 커피 맛을 즐기도록 해준다.

소비자들은 자신의 취향에 맞는 커피를 개별적으로 주문할 수 있는 것이다. 커피의 종류가 이처럼 다양하다 보니 그냥 블랙으로 마시는 것보다는 적당한 비율의 설탕과 크림을 넣어 마시면 커피 맛이 훨씬 살아난다는 사람도 있다. 그런가 하면 카페라떼와 모카 종류가 블렌드 커피보다 확실히 더 맛이 좋다는 소비자들이 있는가 하면, 에스프레소에 바닐라 시럽과 우유, 카라멜 드리즐이 들어 있는 달콤한 카라멜 마키아또만을 찾는 사람들도 있다.

고객의 입맛을 맞추는 비결은 먼저 자신의 취향에 맞는 커피를 주문할 수 있다는 점이고, 두 번째는 매장 내에 준비된 컨디먼트 바이다. 자신의 입맛에 맞도록 커피 맛을 조절할 수 있는 컨디먼트 바에는 여러 종류의 설탕과 시럽, 파우더와 같은 부재료가 준비되어 있다.

같은 커피라도 여기에 부재료를 얼마만큼 섞느냐에 따라 다른 맛의 커피를 연출해낼 수 있다. 커피에 달콤한 맛을 더해주기 위해 설탕을 첨가하거나 우유 또는 생크림을 커피에 첨가하여 유제품 특유의 부드럽고 고소한 커피 맛을 만들어낼 수도 있다.

자신이 마실 커피를 직접 만들 수 있는 서비스는 신세대 소비자들의 문화적, 감성적 욕구를 그대로 반영한 결과이다. 즉, 소비자들은 커피 한잔을 주문하는

과정에서 자신의 개성을 표출할 수 있다는 점만으로도 다른 커피 전문점과 분명 다르게 인식할 것이다

신세대를 공략하는 소비 시장에서 성공을 거두려면 그들의 '움직이는 기호'에 명중시킬 수 있는 집중력과 순발력이 무엇보다 필요하다. 현재의 라이프 스타일을 이해하는 것은 물론이고 그들의 소비 성향을 수시로 점검하고 예측하는 혜안을 겸비해야만 성공할 수 있다.

신세대 입맛에 맞는 메뉴를 개발하라
타깃 고객인 신세대 입맛에 맞는 메뉴를 개발해야 한다. 신세대의 까다로운 입맛을 맞추기 위해 고객들의 라이프 스타일에 맞는 음식을 선보여라.

P L A C E
32
눈을 즐겁게 하라

하나의 매장은 제품을 담아내는 커다란 그릇과 같으므로 제품의 이미지를 충실하게 표현해야 한다. 그런 이유로 제품의 특성에 따라 매장의 모습도 각기 그 분위기를 달리한다. 매장의 모습을 표현하는 것 중에서 가장 큰 비중을 차지하는 것이 바로 눈으로 보는 시각적인 요소이다. 이러한 시각적인 요소는 매장의 인테리어, 음식의 메뉴, 직원들의 유니폼 등에 이르기까지 다양한 요소로 표현할 수 있다.

스타벅스 매장을 들어가 보면 포근하고 안락하다는 느낌을 준다. 마치 이탈리아의 전통적인 길거리 커피 전문점을 연상케 하는데 갈색 톤의 나무 무늬 장식과 원두 추출기 등의 소품들은 은은함과 자연스러움을 안겨준다. 딱딱하고 인스턴트적이라는 건조한 느낌이 아니라 커피 본연의 맛과 향기를 자연스러운 분위기에서 만끽할 수 있도록 해준다.

또 하나 산뜻하고 고급스러운 느낌의 벽화를 들 수 있다. 이 벽화는 매장의

분위기와 잘 어우러져 젊은이들에게 좋은 반응을 얻고 있다. 매장 안에 설치하는 벽화나 그림 하나하나에도 커피가 연상되는 장치를 하거나, 커피를 마시고 싶은 생각이 들도록 디자인한다.

이런 분위기를 자연스럽게 연출하기 위해 본사에서는 직원 중 10% 가량을 예술가 및 디자인 분야에 종사하는 사람들로 구성하고 있다. 이처럼 매장의 분위기를 창출하는 것과 관련된 시각적인 요소들은 모두 직원들의 열띤 토론으로 결정된 사안들이다.

시각적인 요소는 단지 매장의 인테리어에서 그치지 않는다. 아무리 맛있는 제품일지라도 예쁘고 독특하지 않는 패키지에는 눈길조차 가지 않는 것이 당연한 일이다. 특히 음식의 데커레이션은 고객들의 입맛 뿐만 아니라 음식에 대해 기대치를 높이는 시각적인 효과까지 부여한다.

▲ 스타벅스에서는 매장의 인테리어, 음식의 메뉴, 직원들의 유니폼에 이르기까지 매장 안에서 고객의 눈으로 느낄 수 있는 모든 요소들을 철저히 관리한다.

커피를 탐스럽게 만드는 휘핑 크림은 보기만 해도 군침이 넘어가도록 맛깔스러워 보인다. 한번에 먹어 버리기에는 아까울 정도로 데커레이션이 잘되어 있는 우아한 포장, 아름다운 모양과 색상으로 장식된 초콜릿은 시각적인 즐거움까지 선사한다. 고객의 눈으로 느낄 수 있는 모든 요소들은 매장 내에서 사전에 철저하게 관리되고 있다.

보기 좋은 떡이 먹기 좋은 법이다
눈에 보기 좋은 떡이 먹기에도 좋은 것이다. 눈이 즐거우면 그 맛은 더욱 좋은 법. 주력 제품 이외에도 그 제품을 연상하게 만드는 다양한 볼거리를 연출하라.

33

촉감으로 느끼게 하라

얼마 전 모 화장품 회사는 도시 여성들을 대상으로 특이한 판촉 행사를 펼쳤다. 인파가 많이 모이는 문화 공간 속에 산소 발생기를 설치하고 제품을 직접 테스트해보는 행사를 가졌다. 산소를 직접 마시고 피부에 바르는 이 이벤트는 소비자들로부터 좋은 호응을 얻어 신제품을 홍보하는 데 효과적인 성과를 거두었다고 한다.

이처럼 다른 감각과 마찬가지로 촉각을 이용한 마케팅도 오감 마케팅의 중요 분야로 인식되고 있다. 촉각적인 요소는 고객이 직접 만져보거나 집어보는 단계에서 느끼는 감정이 소비자의 구매 욕구를 강하게 자극하기 때문이다. 스타벅스 매장에서는 고객들의 감촉과 관련한 모든 것에 신경을 쓰고 있다. 예를 들어 테이크아웃을 원하는 고객에게는 테이크아웃 용기 위에 '슬리브'를 덧씌워준다.

슬리브는 뜨거운 커피의 온도를 적당하게 유지시켜 커피의 온기를 자연스럽

게 느낄 수 있도록 해준다. 다시 말해 고객이 컵을 감쌌을 때 따뜻한 온기를 그대로 느낄 수 있게 한다.

뿐만 아니라 의자의 스타일, 진열대의 모서리, 테이블이나 소파, 마루결의 구조까지 촉각적인 요소를 고려하여 만들었다. 손님들이 소파에 앉았을 때의 포근한 느낌이나 의자에 앉았을 때의 감촉까지도 세심하게 배려해서 의자의 재질을 결정한다. 손님들은 의자나 테이블 등에서 느낀 안락함과 세세한 배려에 만족해하면서 다시 매장을 방문하게 된다.

촉각으로 직접 감지할 수 있는 것은 상품의 재질감이다. 시각적인 요소도 중요한 구매 동기임에 틀림없지만 촉감 역시도 이에 못지않게 중요한 요소다. 색채는 혼자서 존재하는 것이 아니라 반드시 어떤 물건의 재질 위에 채색될 때만 비로소 그 존재 가치를 인정 받을 수 있지만, 촉감은 그 자체만으로 가능하다.

가령, 컴퓨터 기기의 아이보리색과 양털로 짠 스웨터의 아이보리색은 같은 색깔이라도 그 느낌이 확연히 다르다. 시각적으로 표현하자면 전자는 무광택으로 매끈하고 딱딱한 반면, 후자는 광택도 있고 푹신푹신한데다 부드러운 느낌을 준다. 손으로 만져보면 온도 감각까지 느낄 수 있는데, 전자는 차가움을 주고 후자는 따뜻함을 안겨준다.

이러한 촉각적 요소는 제품의 부가가치와 경쟁력을 높이는 데 중요한 역할을 한다. 그러므로 상품을 만들 때는 '쓰기에 편리하다'는 기능뿐만 아니라 '착용감' 혹은 '사용감'이라는 감각에도 자극을 줄 수 있는 부분까지 고려해야 한다.

고객의 가슴속에 따뜻함을 심어주어라
고객은 아주 사소한 것에 감동을 받는다. 스타벅스는 테이크아웃 커피에 슬리브를 씌워서 고객에게 부드러운 촉감을 전달하고 있다. 손으로 느껴지는 촉감도 물론 중요하지만, 그보다 고객의 가슴에 오랫동안 따뜻함이 남도록 하라.

PLACE

34

음악이 흐르게 하라

일반적으로 소리를 이용해서 고객을 만족시킬 수 있는 대표적인 표현 수단으로 음악을 들 수 있다. 10대 고객이 즐겨 찾는 곳에는 유행 가요를, 20대 이상이 많이 찾는 패밀리 레스토랑은 올드팝이나 컨템퍼러리 뮤직 등 무난하면서도 귀에 거슬리지 않는 음악을 선택한다. 커피를 마시며 편하게 쉴 수 있는 분위기를 내는 커피 전문점들은 주로 재즈를 중심 음악으로 구성한다.

청각적 요소는 매장 안의 음악에만 한정되는 것이 아니다. 고객들이 이야기하는 소리, 직원들의 발걸음 소리, 음식을 내가는 소리, 오픈 주방이라면 음식을 만드는 소리까지……. 청각적인 요소는 실로 무궁무진하다.

한 퓨전 음식점의 경우, 그곳에서 제공하는 누룽지탕은 누룽지와 소스가 따로 나오는데 테이블에서 즉석으로 소스를 부어준다. 뜨거운 철판에 부어진 소스는 요란한 소리를 내면서 순식간에 부글부글 끓어오른다. 특히 소스를 붓는 순간 '좌악' 하고 끓어오르는 소리는 모든 고객들의 시선을 끌어모으기에 충분하다. 고객들은 요리가 완성되기까지 오랜 시간을 기다리는 건 아니지만 짧은 동안이나마 음식에 대한 기대감을 더욱 갖게 된다.

스타벅스는 매장 내에서 들리는 여러 가지 소리들을 세심하게 관리하고 있다. 처음에는 매장 내 테마 음악 레퍼토리로 재즈의 선율을 자주 들려주었으나 점차 클래식, 오페라, 블루스 장르까지 다양한 테마 음악을 들려주고 있다.

매장 내 음악은 소리의 한 요소에 불과하다. 커피를 주문한 후 고객은 카운터 쪽에서 자신이 주문한 음료 이름을 부르는 것을 듣는다. 그러면 그 소리는 뒤에 있는 바리스타에게 곧장 전달된다. 에스프레소 기계의 '쉬~' 하는 소리, 바리스타가 필터 안에 있는 커피 가루를 빼기 위하여 톡톡치는 소리, 우유가 금속 피처 안에서 부글부글하는 끓어오르는 소리, 커피가 갈리는 소리 등등 매장 내에서 날 수 있는 모든 소리가 고객들에게 친밀하고 편안하게 들릴 수 있도록 관리하고 있다.

편안한 음악을 준비하라

스타벅스 고객들은 음악을 들으면서 공부하고, 친구와 대화하고, 혼자서 자기 세계에 빠지기도 한다. 사람의 마음을 편안하게 만드는 데 음악보다 좋은 것이 있을까. 고객이 친밀하고 편안하게 들을 수 있는 여러 장르의 음악을 준비하라.

35

감성 매장을 만들어라

연예인들의 누드 열풍이 식을 줄 모르는 요즘 업계는 온통 '누드 상품'이 점령하고 있다고 해도 과언이 아닐 정도다. 몇 년 전부터 선보이기 시작한 누드 상품은 장르를 불문하고 이루 헤아릴 수 없이 많다. 컴퓨터 모니터, 선풍기를 비롯하여 빨래가 진행되는 상태를 훤히 들여다볼 수 있는 세탁기, TV, 전화기, MP3 등 전자 제품은 물론이고 누드 손목시계, 누드 목걸이 같은 액세서리 등까지 많은 인기를 모으고 있다.

누드 열풍은 비단 상품에만 그치는 것이 아니다. 최근의 건축 경향 역시 속이 훤히 보이는 통 유리가 인기 가도를 달리고 있다. 위층으로 올라가면서 투명한 유리를 통해 바깥 풍경을 감상할 수 있는 누드 엘리베이터가 있는가 하면, 서울시 건축상까지 받은 바 있는 삼성동의 아셈타워 건물은 전경에 통 유리를 설치해 현대적이면서 시원한 느낌을 주기에 부족함이 없다.

젊은이들에게 인기를 끌고 있는 스타벅스 역시 통 유리를 사용해 매장 안의

손님들이 외부 시선에 노출되도록 해
놓았다. 손님들은 탁 트인 통 유리를
통해 지나가는 사람들을 구경하기도
하고, 커피를 마시며 잠시 휴식을 취
하기도 한다. 이처럼 스타벅스는 탁
트인 바깥 전망을 제공함으로써 새로
운 만남의 장소로 부상하고 있다.

▲ 당당하게 자신을 드러내는 신세대들의 코드를 대변하는 밝은 인테리어와 통 유리 건물은 매장 밖 사람들로 하여금 들어가고 싶은 욕구를 일으키게 한다.

이러한 모습은 구석 자리를 선호하던 이전 세대와 달리 당당하게 자신을 드러내는 신세대들의 코드와 들어맞는다. 요즘의 젊은이들은 친구들을 만날 때 주로 창가쪽 자리를 좋아하는데, 지나가는 사람들의 시선을 의식하기보다는 시원하게 트인 바깥을 내다보며 이야기하는 걸 더욱 좋아하기 때문이다.

특히 20~30대 여성 고객들이 즐겨 찾는 매장은 밝은 인테리어와 통 유리 건물을 사용해 이들의 감성을 사로잡고 있다. 또한 통 유리는 내부가 훤히 보이기 때문에 길거리를 지나가는 고객들의 발걸음을 멈추게도 한다. 원목 느낌이 나는 의자와 흰색과 갈색 그리고 초록색이 조화를 이루는 테이블도 세련되면서도 고급스럽게 느껴진다.

매장 안이 훤하게 들여다보이는 외관 디자인은 소비자들에게 신뢰감과 호기심을 불러일으키기 위한 장치이다. 즉 소비자에게 제품의 모든 것을 투명하게 보여주겠다는 전략이다. 상품의 외형이 드러난다고 꼭 제품의 성능이나 품질 등을 판단할 수 있는 것은 아니지만, 외부에서 바라보는 사실만으로도 소비자는 충분히 감동을 받을 수 있다.

무대에서는 고객이 주연 배우가 되게 하라
매장은 고객과 함께 한편의 드라마를 연출하는 무대와도 같다. 무대의 주인공은 당연히 고객의 몫이 되도록 해야 하고, 매장 직원들은 고객의 드라마를 돕는 조연 역할을 수행해야 한다.

36

현지 문화를 존중하라

"글로벌(global)에서 로컬(local)로!"

글로벌 기업이 해외에 진출하는 데 있어 중요한 문제 중의 하나는 바로 현지 문화와의 조화 문제이다. 한국 시장과 미국 시장은 엄연히 다르다. 무엇보다도 현지화에 가장 큰 영향을 미치는 것은 동·서양의 문화 차이에 있을 것이다.

국내의 에스프레소 커피 업계의 분위기도 미국 분위기와 많이 달랐다. 스타벅스는 처음 한국에 들어오면서 시장 세분화를 통한 타깃 설정과 포지셔닝을 결정함에 있어 한국인의 취향에 맞도록 철저한 현지화 전략을 세웠다.

국내에 스타벅스가 처음 입점했을 때는 미국 본사와 달리 대형 매장으로 출발하였다. 본사 미국 매장은 보통 30평 규모였지만 한국은 80~100평에 이르는 대규모에다 좌석 수도 100석에 달했다. 현재 명동에 위치한 제4호점은 전세계 7,000개의 매장 가운데 가장 규모가 크다.

이것은 한국 시장의 소비자들이 좁은 매장보다는 대형 매장을 선호한다는 독특한 문화를 감안한 고도의 전략이다. 한국 소비자들의 경우 대부분 유명 브랜드나 대형 백화점을 신뢰한다. 이처럼 대형 매장을 선호하는 이유는 작은 점포에 비해 대형 매장이 품질과 가격, 서비스, 청결도 면에서 훨씬 나을 거라는 기대치가 높기 때문이다.

또한 좌식 문화에 익숙한 국내 정서를 감안하여 매장에 좌석 수를 많이 보유하고 있다. 국내에 처음으로 '테이크아웃'이 도입되었을 당시 커피를 '밖으로 갖고 나가서' 마시는 손님은 10% 정도에 그쳤다. 근래에는 테이크아웃 개념이 많이 확산되었다고는 하지만 여전히 20%에 불과하다. 아직은 우리나라 대다수 사람들이 커피를 매장에 편안하게 앉아서 마시기를 원한다는 걸 알 수 있다.

이와 같은 한국인의 취향을 영업에 그대로 적용한 것이다. 매장 안에 테이블을 많이 배치하되, 기존의 커피 전문점과는 다른 차별화가 필요했다. 바로 테이블과 의자를 똑같은 스타일로 통일하지 않고 다양하게 배치하는 것. 이런 이유로 간단한 나무 테이블에서부터 푹신한 소파에 이르기까지 여러 종류의 테이블을 적절하게 배치하게 되었다. 들어왔다 금방 나갈 것 같은 손님을 위해 입구쪽에는 간단한 나무 테이블을 배치하고, 2층과 구석 자리에는 소파를 놓아 장시간 편안하게 이야기를 나눌 수 있는 손님들을 배려하고 있다.

좌식 매장 위주로 구성한 한국의 커피 전문점은 단순히 커피를 마시는 장소라기보다는 '만남의 장소'로 십분 활용한 것이다. 결국 스타벅스는 한국 시장에 대형 매장과 좌식 매장을 도입함으로써, 현지의 문화를 적극 반영한 전략으로 국내 진입에 성공했다고 평가할 수 있다.

▲ 스타벅스 명동 매장 오픈식. 대형 매장을 선호하는 한국인의 취향에 맞춰 80~100평에 좌석 수도 100여 개가 넘는 세계 최대의 매장이 문을 열었다.

한국에는 한국에서만 통하는 마케팅 전략이 있다. 미국, 유럽과는 또 다른 고유의 소비 특성이 존재하기 때문이다. 아무리 뛰어난 제품력과 마케팅 능력을 갖춘 다국적 기업이라 하더라도 한국의 문화와 민족성, 지역 특성을 감안한 마케팅을 구사하지 않고서는 국내 기업과의 경쟁에서 결코 이길 수 없다.

마케팅에 지역 문화를 접목시켜라
현지에서는 한국 문화와 접목시켜 마케팅을 실시하라. 지역마다의 특성을 점포 전략에 적극 반영하고, 직원들의 재교육에도 힘써야 한다.

PLACE

37

디지털 세대를 잡아라

디지털 세대들은 휴대폰과 노트북을 적극적으로 사용하는 중심 축을 이룬다. 더욱이 최근 들어 스탠딩 콘서트가 증가하면서 아울러 사회 전반적으로 스탠딩 문화가 더욱 활기를 띠고 있다. 이들 디지털 세대들은 각종 디지털 장비를 동원해 언제 어디서든 외부와 접촉하면서 발 빠른 기동성을 보여주고 있다.

과거 집시족이나 몽고의 유목민처럼 자유로운 떠돌이 생활을 즐기는 그룹이 21세기 들어 다시 확산되고 있다고 할까? 디지털 시대 소비자들의 중요한 특성은 이동성을 갖춘 최첨단 IT 기술을 활용한다는 점이다. 즉 그들은 무선 인터넷은 물론 동영상 서비스가 가능한 휴대전화로 무선 인터넷, 게임, 모바일 커머스를 즐긴다.

그러나 그들에겐 휴대전화의 작은 화면과 느린 속도가 답답하게 느껴질 따름이다. 그들은 집이나 회사에서 쓰는 초고속 인터넷을 이동하는 중에도 사용할 수 있기를 바란다. 이동성을 좋아하는 이들에게 특별한 장소가 있다. 이른

바 무선 인터넷이 가능한 대표적인 장소 중의 하나인 커피 전문점 스타벅스다.

스타벅스는 HP와 제휴해 지난해부터 미국 전역 주요 도시와 독일 베를린, 영국 런던 등 세계 도시 매장에서 공중 무선랜 서비스를 제공하고 있다. 국내의 경우도 한국 HP와 스타벅스 코리아가 제휴하여 무선랜 체험 행사를 실시했다. 이대, 대학로, 강남, 명동, 여의도, 부산대점 등 총 14개 전국 매장을 방문하면 무선랜 기능이 탑재된 HP 노트북 PC와 PDA(개인휴대 단말기)를 직접 사용해 볼 수 있다.

디지털 세대들은 최첨단 디지털 장비를 갖춘 덕에 언제 어디서든 인터넷을 통해 외부와 접촉하며 업무를 처리하고 이메일을 확인하고자 한다. 또한 업무 특성상 외근이 잦은 사람의 경우 무선랜 환경이 갖춰진 장소를 많이 찾게 된다. 스타벅스는 이러한 디지털 세대들의 라이프 스타일을 파악하여 IT 기업들과 제휴를 통해 매장 내에 무선랜을 설치한 것이다. 무선랜을 설치한 후, 커피 전문점은 커피를 앞에 놓고 수다를 떨던 공간에서 최신 IT 서비스를 접할 수 있는 장소로 탈바꿈하고 있다. 이런 분위기에 맞춰 IT 업체들은 매장을 신기술의 테스트 베드로 활용하려는 움직임까지 보이고 있다.

특히 새로운 기술에 민감한 디지털 세대들이 주로 찾는 장소이기 때문에 신제품에 대한 반응을 살피는 데도 더없이 좋은 장소로 평가 받고 있다. 디지털 세대는 새로운 제품이나 기술에 대한 호기심이 어느 계층보다도 강하다. 따라서 젊은 세대들이 많이 모이는 곳에 이들을 사로잡을 수 있는 장치를 마련하는 것이 무엇보다 중요하다.

무선랜을 설치하라
디지털 세대는 음악을 들으면서 커피를 마시고, PC를 두드린다. 한꺼번에 몇 가지 일을 동시에 할 수 있는 멀티플레이어. 이들에게 PC를 자유롭게 이용할 수 있는 무선랜이 가능한 시설을 제공하라.

PLACE

38

소수도 배려하라

하나의 제품이 모든 고객들의 다양한 욕구를 충족시키는 것은 불가능한 일이다. 특히 요즈음처럼 고객들의 취향이 다양하고 개성이 강한 시대에는 고객의 요구를 십분 반영하여 제품을 만든다고 해도 그 제품에 만족하지 못하는 고객들이 있기 마련이다.

물론 기업의 입장에서는 제품을 구매하는 다수의 소비자들로부터 대부분의 매출이 발생하므로 굳이 소수에게까지 세심한 배려를 하지 않을 수도 있다. 그렇지만 시장의 세분화가 점차 빠르게 진행될수록 불특정 다수가 아니라 특정 소수가 더욱 중요해지고 있다. 소수의 고객은 장기적으로 보면 단골 고객으로 전환될 수 있기 때문이다. 그러므로 소수에 대한 배려와 관심은 절대적으로 필요하다

모든 업종이 그렇지만 특히 외식업계에서는 단골 손님의 확보와 꾸준한 고객 관리가 무엇보다 중요하므로 소수 고객들의 취향만을 살린 특별한 장치를

마련해두어야 한다.

전통적으로 스타벅스 매장에서는 금연을 실시하고 있는데, 이는 커피 향이 담배 냄새와 섞이게 되면 커피 본연의 향을 제대로 느낄 수 없기 때문이다. 그러나 최근 들어서는 흡연자를 포함한 소수 고객들을 위한 배려의 일환으로 흡연이 가능한 공간을 따로 마련하고 있다.

금연 정책은 스타벅스가 국내에 처음 진출했을 당시에도 흡연 소비자들로부터 부정적인 반응을 들은 바 있다. 소비자들에게 커피숍이라는 곳은 담배를 피우면서 이야기를 나눌 수 있는 곳이라는 인식이 박혀 있던 때라서 금연 정책에 더욱 부정적이었던 것.

초기 때와는 달리 이런 소수 고객들을 흡수하기 위한 배려로 매장 곳곳에 흡연 공간을 준비하고 있다. 세계에서 가장 큰 명동 매장에는 커피 애호가를 위한 특별 배려로 2층 테라스에 흡연 구역(smoking zone)까지 따로 마련했다.

세종문화회관에 위치한 광화문점은 주고객이 회사원들인 점을 감안해서 담배를 피우는 남자 손님들을 위해 야외 테라스를 개방하고 있다. 그렇지만 이 금연 공간은 매장 안과 분리된 공간으로 매장의 커피 향에 영향을 주지 않는 곳에서만 가능하다. 광화문점이나 명동점처럼 일정한 공간을 활용하여 흡연 구역을 따로 만들기도 하지만, 최근에는 매장 앞에 1~2개 정도의 파라솔을 설치하여 흡연자를 위한 자리를 마련하기도 한다. 흡연을 원하는 사람은 나만의 준비된 공간에서 다른 사람들의 눈치를 보지 않고 담배를 피울 수 있어, 흡연자들로부터 좋은 호응을 얻고 있다. 이러한 배려에 감동한 손님들은 이후 단골 고객으로 굳어질 전망이 높다고 할 수

▲ 광화문점 4층 테라스. 소수 고객에 대한 배려로 커피 향에 영향을 미치지 않는, 매장과 분리된 공간에 흡연 구역을 만들어 놓았다.

있다.

이처럼 새로운 고객을 창출하는 이면에는 소수의 고객들이 요구하는 의견에도 항상 귀 기울이고 시장을 이해하려는 노력과 개선 의지가 뒤따라야 한다. 그래서 새로운 제품을 시장에 선보이고 다시 고객의 소리를 듣는 반복적인 과정이 필요한 것이다.

소수의 의견도 존중하라
스타벅스의 경우 매장 안에서는 담배를 피울 수 없는 대신, 매장과 독립된 공간에서는 흡연이 가능하다. 소수의 고객이지만 그들의 라이프 스타일을 존중하는 별도의 공간을 마련해줄 필요가 있다.

39

카멜레온처럼 변신하라

마돈나는 가수이자, 댄서, 여배우, 프로듀서를 넘나들며 지난 20년간 자신을 끊임없이 변화시켜 왔다. 그녀는 헤어 스타일에서부터 머리 빛깔, 의상, 음악적 테마 등에 이르기까지 마치 카멜레온과 같은 모습을 보여줌으로써 오랫동안 대중의 관심을 끌고 있다.

소비자들의 욕구와 행동 양식이 갈수록 다양해지고 그 폭도 넓어지면서 기업의 마케팅에도 카멜레온처럼 시장 환경에 수시로 대응하는 사례가 늘어가고 있다. 때론 시간대에 따라 상품과 서비스 가격을 차별화하기도 하며, 고급에서 대중 브랜드까지 다양한 브랜드를 각종 유통 채널을 통해 차별적으로 공급하기도 하는 등 모두 카멜레온처럼 변화를 시도한 모습이라고 할 수 있다.

스타벅스는 점심 시간을 전후한 시간이나 저녁 시간 대에 주로 손님들이 몰리는 편인데, 가령 이른 아침 시간이나 점심 시간 이후에는 매장이 비교적 한가하다. 그래서 매장이 한가한 시간을 다른 공간으로 활용하는 등 다른 커피 전문점과는 차별화를 시도하고 있다.

손님이 별로 없는 한가한 시간에는 단체 모임이나 회의 장소로 매장을 활용하고 있다. 대부분의 커피숍이 오전 10시가 되어야 문을 여는 반면, 무교동 매장은 오전 7시부터 문을 열어 조찬 모임 장소로 활용되고 있다. 이곳에서 샐러리맨들은 자기 계발과 업계의 정보를 얻기 위해 바쁜 아침 시간을 쪼개 모임을 갖는다.

그런가 하면 금융계나 방송국, 국회, 정당 당사가 들어차 있는 정치·경제·대중 문화의 심장부인 여의도의 서여의도 매장은 근처 직장인들을 위해 회의 장소로 매장을 빌려준다.

아침 이른 시간과 오후 한가한 시간의 매장은 조찬 회의 또는 기획 회의 장소로, 각종 모임 장소로 이용되고 있다. 이러한 장소 활용은 매장을 더욱 활기차게 만들어주며 동시에 매출에도 상당한 도움을 주고 있다.

고객이 특정 시간에 집중되는 매장에서는 한가한 시간에 손님을 유치하기 위해 일정한 시간을 정해두고 반짝 세일을 벌이기도 한다. 이것은 고객을 한가한 시간대로 분산시키는 일종의 홍보 전략이다. 업체의 입장에서 보면 이러한 분산 마케팅은 인력의 적절한 배치로 비용 절감과 아울러 매출을 높이는 효과를 기대할 수도 있다.

제아무리 좋은 회사나 매장이 있다고 해도 사람들에게 알려지지 않으면 소용이 없다. 아무리 유명한 브랜드라도 스스로 이윤을 창출하지는 못한다. 손님이 찾지 않는 한가한 시간이라고 해서 그 시간을 그대로 흘려보내서는 안 된다. 매장에 자주 오는 고객보다는 잘 오지 않는 고객들을 오도록 유도해야만 보다 많은 고객을 확보할 수 있다. 이것이 바로 매장 활성화의 지름길이다.

하루 24시간 매장 연출법을 마련하라
서비스업은 시간대별로 매출에 차이를 보인다. 하루 24시간 가운데 3~4시간만 매출이 집중적으로 일어난다면 원가에 따른 부담이 크다. 아침, 점심, 저녁 시간대별로 매장을 활용할 수 있는 매장 연출법이 필요하다.

스타벅스 감성 마케팅

PLACE

40

한 지역 다점포 전략을 세워라

사무실이 밀집해 있는 서울 강남의 테헤란로나 광화문 근처를 다니다 보면 스타벅스가 자주 눈에 띈다. 조금 전에 매장을 본 것 같은데, 얼마 가지 않은 가까운 곳에 또 다른 매장이 위치해 있다. 이렇게 많은 매장이 자리잡고 있음에도 불구하고 스타벅스 매장에는 늘 사람들로 가득하다. 다른 커피 전문점에 비해 손님들이 많은 이유가 무엇일까?

광화문 일대 스타벅스 매장

스타벅스는 20대 중반부터 30대까지를 주요 고객층으로 삼는다. 그 중에서 특히 20대 젊은 여성의 유동 인구가 많은 지역에서는 매장을 집중적으로 열어서 브랜드 이미지를 확실하게 다지고 있다.

지난 2001년 하반기에 종로 2가점, 제일

은행 본점, 인사점을 오픈한 이후, 2002년 세종문화회관 옆에 광화문점, 파이낸스 빌딩 무교점, 삼성플라자 태평로점을 잇따라 열었다. 80평이 넘는 대형 매장들이 서울시청을 중심으로 포진해 있는 셈이다.

또 다른 중심 상권으로는 광화문을 중심으로 반경 1킬로미터 내에 매장을 연달아 열면서, 광화문 일대의 오피스타운을 집중 공략하고 있다.

왜 이토록 스타벅스가 시청과 광화문에 집중하는가? 광화문 세종로와 종각 일대는 대기업의 본사, 정부 중앙부처, 대형 언론사, 외국인 회사들이 밀집해 있는 지역으로 정보의 중심지라고 할 수 있다. 광화문 사거리를 기준으로 조선일보와 동아일보가 마주서 있고, 대한매일과 경향신문, 문화일보 등이 정동 쪽에 인접해 있다.

세종문화회관 근처에 위치한 광화문점과 무교점의 경우 각 기업의 기획실 사람들이나 정치권 사람들, 일간지 기자들이 새벽부터 밤 늦은 시간까지 자연스럽게 모여든다. 이러한 지역적 특성을 감안하여 광화문점의 영업 시간은 오전 7시부터 시작하여 늦은 밤 11시까지 이어진다.

광화문과 더불어 서울의 대표적인 벤처타운인 강남 테헤란로에도 10개의 매장을 운영하고 있다. 지하철 2호선을 따라 강남점, 아셈점, 코엑스점, 역삼점, 선릉점, 삼성점, 리빙프라자 선릉점, 기술센터 삼성역점, 국기원점이 문을 열어 '스타벅스 밸리'를 형성하고 있다.

테헤란로는 일반적으로 지하철 2호선 삼성역~강남역 구간의 거리를 말한다. 이 테헤란로에는 삼성동의 코엑스(한국종합무역센터)를 시작으로 한전, 삼성금융타워, 인터콘티넨탈호텔, 아셈타워, 포스코, 삼성 SDS 멀티캠퍼스, LG 등의 고층 빌딩이 들어서 있다. 또한 마이크로소프트, 오라클, 포스코 등의 IT 기업과 데이콤, KTF 등의 통신 기업이 대거 입주해 있다.

테헤란로는 벤처 기업이 밀집해 있고 젊은이들의 왕래가 많아서 영화나 오락 등의 문화 시설과 각종 어학학원과 국제자격 시험을 위한 교육 시설 그리고 각종 편의 시설들이 입주하면서 유동 인구들이 모여드는 중심지라 할 수 있다.

강남역에 위치한 매장 역시 아침 7시부터 영업을 시작하는데, 점심 시간에는 식사를 마친 직장인들이 줄을 서서 커피를 주문하는 모습을 흔하게 볼 수 있다.

스타벅스는 일반적으로 일정한 간격을 두고 분산해서 매장을 여는 기존의 마케팅 개념과는 다른 모습을 보여주고 있다. 광화문과 테헤란로를 거점 지역으로 해서 점포를 확장해나가고 있음을 알 수 있다. 실제로 서울 지역 매장의 33% 정도를 광화문과 테헤란로 두 지역에 집중시킨 과감한 마케팅을 펼치고 있는 것이다.

스타벅스는 아직 지방 진출에 있어서는 신중한 자세를 보이고 있다. 이는 핵심 고객에게 집중하는 마케팅 전략 때문이다. 핵심 고객에게 집중하라. 버릴 것은 버리고 살릴 것은 살리되 그냥 살리는 정도가 아니고 집중적으로 키우자는 전략이다. 성공할 가능성이 있는 것만을 선택하고, 선택된 것에 집중하는 것은 스타벅스 마케팅의 보편적인 핵심 전략이다.

고객층이 널리 분포한 지역에 여러 점포를 개설하라
일반적으로 한 지역에 여러 개의 점포를 두지는 않지만, 고객층이 지역적으로 널리 분포하는 경우에는 한 지역에 다점포를 개설하는 것도 효과적인 전략 중의 하나이다.

41

길목을 잡아라

외식업이나 유통점은 업소의 위치가 어디냐에 따라 영업의 판도가 결정될 정도로 입지 선정에 크게 좌우된다. 그러므로 입지 여건이 가장 중요한 사업 포인트가 되는 것이다. 한마디로 목이 좋아야 한다는 말. 목이 좋으냐 그렇지 못하냐에 따라 상권이 좋다, 나쁘다라는 영업 여건이 결정된다. 이런 이유 때문에 입지 여건을 고려할 때 유동 인구가 어느 정도 되는지 정확한 분석이 이루어져야 하는 것이다.

스타벅스는 매장의 위치를 결정할 때 철저한 환경 분석을 기반으로 주로 유동 인구가 많은 번화가에 우선 입점한다는 정책을 견지하고 있다. 그런 이유로 변화에 민감하고 수용 속도가 빠른 패션 리더들이 모이는 곳인 이화여대 앞에 제1호 매장을 열었다. 그 후 강남역, 명동, 압구정, 코엑스 등 신세대 유동 인구가 많은 대학가나 젊은 직장인들이 모이는 사무실 밀집지역, 이밖에 지하철 역세권이나 대형 쇼핑 센터 주변에 매장이 속속 들어서고 있다. 유동 인구가 많다 싶은 곳은 어김없이 매장이 자리하고 있다.

코엑스몰의 하루 평균 유동 인구는 13여만 명. 주말에는 30만 명을 훌쩍 넘어선다. 코엑스몰에 위치한 패밀리 레스토랑들은 영화를 본 후 식사를 하려는 젊은 손님들로 북적거린다. 롯데리아나 KFC, 할리스와 같은 패스트푸드점이나 테이크아웃 커피 전문점들은 이곳에만 보통 2~5개씩 점포를 낸 상태이다.

코엑스몰에서 외국 관광객들에게 인기가 좋은 장소는 '스타벅스'나 '시애틀'과 같은 커피 전문점이다. 이곳에는 오전 이른 아침 시간부터 밤늦게까지 외국인들의 발길이 끊이질 않으며, 영업 시간 이전부터 미리 와서 기다리는 사람들도 많다. 스타벅스의 경우 코엑스몰에 2개의 매장이 입점해 있다. 코엑스몰 측은 "스타벅스 한 곳에서만 하루 700~800명의 외국인들이 다녀가는데 이는 하루 전체 고객의 30%에 달한다"라고 밝히고 있다.

메가박스 영화관 앞에 위치해 있는 매장들은 영화를 보려고 오는 사람들이 주를 이루는데, 대부분 영화가 시작되기 전까지 약속 장소로 이용되거나 잠시 휴식을 취하는 공간으로 활용되고 있다. 반디앤루디스(서울문고) 서점 앞에 있는 매장 역시 서점에서 나온 손님들과 코엑스몰에 쇼핑을 나왔다가 잠시 쉬었다가는 공간으로 주로 이용되고 있다.

상권 분석의 핵심은 유동 인구를 파악하는 데 있다. 연령대별, 성별, 시간대별로 유동 인구를 조사하고 해당 상권의 현재 상황뿐만 아니라 앞으로의 전망도 분석하는 것이 좋다. 그러므로 매장의 위치를 결정할 때에는 기업에 이윤을 줄 수 있는 규모를 갖추고 있을 정도로 유동 인구가 많고 입지가 뛰어나며 입점한 업체 간에도 시너지(통합) 효과를 낼 수 있는 곳을 고려해야 한다.

고객이 몰리는 장소를 공략하라

목표 고객이 분명하면 전략을 세우기가 좋다. 스타벅스는 감성 세대를 주고객으로 삼았기 때문에 감성 세대가 몰리는 곳을 주로 공략한다. 감성 세대가 돌아다니는 길목을 연구하여 그곳에 점포를 개설하는 전략이 성공의 지름길이다.

PART 2

스타벅스의
감성 마케팅 5P

Promotion 촉진

42

고객의 호기심을 자극하라

흔히 브랜드 홍보하면 가장 먼저 떠오르는 것이 광고이다. 그러나 스타벅스는 광고를 하지 않는다. 그런 의미에서 마케팅 전문가들에게 브랜드 구축의 좋은 사례로 꼽히고 있다.

스타벅스는 광고와 같은 직접적인 홍보를 하는 대신 국내에 테이크아웃 커피 문화를 주도하면서 에스프레소 커피에 대한 간접 홍보로 자연스럽게 사람들의 관심을 끌었다. 가령, 에스프레소 커피 문화가 국내에 처음 도입되어 일반인들에게 많이 알려져 있지 않았을 때, 커피 관련 잡지 등을 통해 에스프레소 커피에 대한 정보를 전달하는 식이다.

그러면 소비자들은 커피에 관한 새로운 정보를 접하면서 자연스럽게 스타벅스에 대한 호기심을 갖게 된다. 즉 상품과 관련된 각종 이슈를 화제거리로 만들면서 소비자들의 이목을 집중시키고 아울러 판매를 늘리는 마케팅 방법이라고 할 수 있다. 소비자들은 화제 내용이 좋은 쪽이든 나쁜 쪽이든 많은 사람들의 입에 오르내리면 그 상품에 대해 관심을 갖게 된다. 이런 관심은 그 상품의 직접적인 구매로 이어질 가능성이 높다.

대부분의 기업들은 다른 경쟁사들의 시장점유율을 활용하여 거대 시장을 겨냥한다. 만약 펩시콜라가 1~2%의 시장점유율을 늘리면 코카콜라는 그만큼 시장을 잃게 된다. 포장 제품을 제조하는 대기업들은 2~3%의 시장점유율을 더 얻기 위해 혁신적인 광고 캠페인을 벌이느라 엄청난 광고비를 쏟아 붓는다.

그러나 스타벅스는 이와는 다른 접근법을 시도하고 있다. 맥스웰 하우스의 고객을 빼앗는 데 치중하지도 않았고, 그렇다고 광범위한 유통망을 구축하는 데도 치중하지 않았다. 또한 브랜드의 인지도를 높이기 위해 수천만 달러의 홍보 프로그램을 만들어 막대한 자금을 동원한 것은 더더구나 아니었다.

스타벅스는 초기의 간접적인 홍보를 통해 소비자들에게 브랜드를 자연스럽게 인식시켰으며, 매장이 확대될수록 이러한 효과는 더욱 배가되었다. 결국 여러 해에 걸친 다양한 간접 활동을 통해 일정한 지역에, 한정된 브랜드를, 전국적인 더 나아가 세계적인 인지도를 자랑하는 브랜드로 발전시킬 수 있었다

자사의 이름이나 활동을 언급하는 직접적인 마케팅 방법은 때로는 경쟁업체와 적대적인 관계를 야기하기도 한다. 그러므로 경쟁업체와 차별화하면서 고객들에게 자사의 긍정적인 이미지를 심어주기 위해서는 간접적인 방법으로 소비자들의 관심을 유도해야 한다. 이런 식으로 소비자의 호기심을 자극하는 것은 상품의 가치를 높이는 데도 좋은 수단이 될 수 있다.

광고 없이 판촉하는 방법을 연구하라

최고의 판촉은 광고 없이도 성공하는 것이다. 광고비를 많이 투자한다고 해서 반드시 성공하는 광고를 만드는 것은 아니다. 스타벅스는 초창기 때 자본이 넉넉하지 않았기 때문에 광고 없이 판촉 활동하는 방법을 연구하고 개발하였다.

43

입 소문을 활용하라

발 없는 말이 천리를 간다는 속담도 있듯이, 상품이 히트를 치는 비결 중 하나는 입 소문이다. 입 소문은 결코 어쩌다 들어맞는 요행도 아니고 과장도 아니다. 입 소문은 원초적이지만 그 힘은 강력하다. 백제 무왕이 절세 미인 선화 공주를 아내로 맞이할 수 있었던 것도 '서동요'라는 입 소문 덕이 아니었던가.

스타벅스는 창업 이래 광고 한번 하지 않고 브랜드 이미지를 높이는 전략을 고수하고 있다. 고액의 광고비 대신 쾌적한 점포와 일관된 정체성을 유지함으로써 소비자들의 마음을 움직였고, 이것은 입 소문으로 이어지게 되었다.

광고비는 매출액의 1% 수준인 3,000만 달러로 지난 20년간 광고비 집행금액은 2,000만 달러에 불과하다. 신제품을 출시할 때도 대중 매체를 이용한 광고는 전혀 하지 않는다. 대신 매장이 진출하는 도시에 고객의 흥미를 창출하기 위한 사전 이벤트를 준비하는 정도이다.

예를 들어 매장이 들어설 지역에 거주하는 신문사 기자나 음식평론가, 요리

사 및 유명 레스토랑 주인 등을 초청하여 시음 행사를 갖기도 하고, 바리스타를 통해 친구와 가족들을 개점 파티에 데려오도록 유도한다. 이러한 이벤트에서 화제를 모으게 되면 행사에 참석했던 사람들을 통해 입에서 입으로 전해지도록 유도하여 자연스럽게 브랜드를 홍보할 수 있다.

국내에는 이대 앞에 1호점을 개점한 것을 시작으로 대학로점, 강남점, 압구정점, 명동점을 세웠다. 유학생과 해외여행 경험자들을 통해 일찍부터 입 소문을 타기 시작하여 개점하자마자 큰 인기를 얻었다.

일반적으로 소비자들이 제품을 구매할 때 브랜드 못지않게 커다란 영향을 미치는 것이 다른 사람을 통해서 들은 간접 정보나 권유이다. 특히 자신의 구매 결정에 확신을 갖지 못하는 사람들은 주로 동료, 친구, 가족이 전해주는 한마디의 정보나 입 소문에 전적으로 의지한 채 제품을 구매하게 된다. 어떤 매체 광고보다 확실한 위력을 발휘하는 것이 바로 입 소문인 것이다.

입 소문 전략은 파급 효과가 크고 신빙성도 높은 편이다. 입 소문 마케팅의 전달 범위는 보통 한 사람 당 10명 정도로 알려져 있다. 미국 자동차 판매 왕인 조 리자드는 확실한 고객이 한 사람이라도 생기면 잠재 고객 250명이 생긴 것과 같다고 말할 정도로 입 소문의 중요성을 강조한다. 특히 인터넷 시대에는 불특정 다수의 정보 교환이 활발하기 때문에 입 소문 전략이 더욱더 중요하게 대두되는 것이다. 이제 소비자는 인터넷이라는 매체를 통해 자신의 메시지를 폭 넓게 전파할 수 있다. 이러한 메시지의 파급 효과는 엄청나므로 기업의 입장에서는 인터넷 매체를 통한 적절한 구전에 대응함으로써 자사에 유리한 정보를 생성할 수 있는 기반을 다져야 한다.

만족한 경험을 다른 고객에게 전달하도록 하라
만족한 첫 번째 고객이 최고의 영업 사원이다. 고객이 만족한 경험을 다른 고객에게도 전달할 수 있도록 만들어야 한다. 요즘 같은 디지털 시대에는 인터넷 커뮤니티도 입 소문의 중요한 도구이다.

PROMOTION

44

문화 마케팅을 연구하라

기업들은 다양한 수단을 동원하여 마케팅 활동을 전개한다. 기업들이 이미지 제고를 위한 마케팅 기법으로 자주 사용하는 것이 기업의 문화 예술 지원이다. 즉 소비자들에게 쉽게 접근할 수 있는 문화라는 매개체를 경영에 응용하는 이른바 '문화 마케팅'의 일종이라고 할 수 있다.

'문화 마케팅'은 기업 문화를 대중이나 소비자들에게 알리기 위한 다양한 활동으로, 기업 주체의 캠페인이나 클래식 연주회 등 그 범위가 무척 넓은 편이다. 좁은 의미로 영화, 연극, 애니메이션 등의 문화 산업을 활용해 자사의 브랜드를 홍보하는 방법도 문화 마케팅의 일환으로 볼 수 있다.

국내 경기의 불황에도 아랑곳하지 않고 지속적으로 매장을 확대하고 있는 스타벅스 코리아의 성장 비결은 전통적으로 고수해온 '문화 마케팅'에서 찾아볼 수 있다.

스타벅스 코리아는 '난타' 공연을 주관하고 있는 ㈜PMC와 제휴해 프라푸치노를 구매하는 고객 중 5명에게 난타 공연 티켓 2장씩을 무료로 증정했다. 난타 티켓을 가지고 매장을 방문하는 손님에게는 음료에 따라 커피의 크기를 업그레이드할 수 있는 이벤트를 마련했다.

또한 지난해 영화 〈아이 엠 샘(I am Sam)〉이 국내에서 개봉됐을 때 홍보에 참여하기도 했다. 그런가 하면 종로점 2층 매장에 외식업체로는 드물게 공연 무대를 설치해 누구나 자유롭게 연주할 수 있는 공간을 무료로 제공하고 있다. 이러한 행사는 TV나 여타 매스컴을 통한 광고 효과보다도 고객들의 문화적 욕구를 충족시켜 브랜드의 인지도를 높이겠다는 전략이다.

외식 산업은 이미지 산업이라 불릴 정도로 문화와 깊은 관련이 있기 때문에 브랜드 특성에 맞는 차별화된 문화 마케팅으로 독특한 이미지를 확보하는 것이 무엇보다 중요하다.

이러한 문화 마케팅을 펼치는 가장 큰 이유는 '이미지' 때문이다. 당장 눈에 보이는 이익은 없지만 잠정적인 고객을 확보할 수 있다는 데 의의가 있다.

결과적으로 문화 예술과 연계한 마케팅 활동은 감성을 바탕으로 한 고객 감동으로 이어지고 있으며, 전체적인 기업 이미지 제고는 물론, 장기적인 매출 증대에도 지대한 영향을 미칠 것으로 보인다.

문화 기관들을 적극 활용하라
다양한 문화 활동을 펴고 있는 기관들과 지속적으로 연계하라. 문화 기관과 연계하면 판촉의 효과도 높고 고객을 유지하는 데도 유리하다.

45

브랜드 네임에 투자하라

유형, 무형의 모든 제품들이 브랜드화 되고 있다. 사람들은 어떤 제품을 떠올릴 때 보통 브랜드의 이름으로 기억한다. 노란색의 알파벳 'M'은 자연스럽게 '맥도널드'를 떠올리게 하고, 빨간색 티셔츠를 보면 축구 응원단인 '붉은악마'가 연상된다. 이것이 바로 브랜드의 위력이다.

그렇다면, 스타벅스 하면 떠오르는 이미지는 무엇일까? 바로 초록색 로고이다. 로고에 그려져 있는 여자는 친근하게 느껴지며, 그 모습이 추상적이고 현대적인 틀 안에서 제시되고 있어 더욱 세련된 느낌을 준다. 머리를 길게 늘어뜨린 여성의 모습을 보여주는 녹색 로고는 환경 친화적인 느낌도 자아낸다.

스타벅스라는 이름은 멜빌의 소설 『모비딕』에 등장하는 커피 무역선의 일등 항해사 이름에서 따온 것이다. 바다 사나이의 이름과 인어가 조화를 이룬 녹색 로고는 무역선으로 운반된 최고의 커피임을 상징하는 심벌이기도 하다.

이렇게 브랜드는 독특한 이미지와 연상 작용, 체험 등을 사람들의 마음속에

심어주게 된다. 브랜드 구축을 위해서는 로고뿐만
아니라 브랜드명, 심벌, 슬로건, 포장 기술 등의 모
든 마케팅 요소들이 동원된다.

친환경적인 기업의 이미지를 부각시키기 위해
가능한 한 모든 부분에 걸쳐 환경 친화적인 재료와
공정을 도입하고, 재활용이 가능한 재료를 선택하
며, 수성 잉크를 사용하는 등 환경에 대한 깊은 관심을 가진 기업 이미지를 구
현하고 있다.

또한 정기적으로 발행하는 커피 소식지의 편집 디자인, 포장 디자인, 엽서,
직원들의 앞치마에 이르기까지 전 영역에 걸쳐 일관된 이미지를 만들어내는
데 주력하고 있다.

최근 들어 제품들의 질 차이가 확연히 줄어들면서 브랜드의 가치가 더욱 부
각되고 있는 추세이다. 브랜드와 브랜드의 이미지는 곧 상품의 가치를 결정짓
는 중대한 잣대가 된다. 브랜드에 따른 신뢰도는 매출은 물론, 제품 이미지에
까지 커다란 영향을 미치기 때문에 확실한 브랜드 이미지를 구축하는 것이 경
영에 있어 가장 중요한 요소라 할 수 있다.

이제 브랜드는 단순한 상표의 개념이 아니라 기업의 미래 가치를 좌우하는
핵심 요소가 되고 있다. 그러므로 기업에서는 개별 마케팅 활동이 브랜드 자산
을 형성하는 데 어떤 역할을 하는지 분명히 이해하고, 브랜드 이미지를 강화시
키는 사람, 장소, 사물들을 자사 브랜드와 정확히 연계해나가야 한다.

브랜드 네임에 투자하라
브랜드 네임에 적극적인 투자를 하고 모든 마케팅 활동을 브랜드에 통합시켜 전개해나가야 한다. 그런 다음 고객
이 어떤 반응을 하는지 수시로 조사하고 분석하라.

46

우량 파트너와 제휴하라

최근 IT·외식·엔터테인먼트 업체를 중심으로 '혼자서 경기 침체기를 뚫을 수 없다면 제휴를 통해 돌파해야 한다'는 이야기가 돌고 있다. 특히나 불황기에는 시너지 효과를 볼 수 있다면 경쟁업체와의 제휴는 물론 다른 업종과의 제휴까지도 고려해볼 만하다.

스타벅스는 지난 20여 년간 펩시, 드라이어스 그랜드 아이스크림, 반즈엔노블, 유나이티드 에어라인, 뉴욕타임즈 등과 제휴를 해왔다. 이렇게 유수한 업체들과 제휴를 맺었던 목적은 사람들이 물건을 사거나, 여행을 하거나, 놀이를 하거나 어디서나 스타벅스 커피를 마시도록 유도하기 위해서다.

파트너로 삼을 회사를 결정할 때는 그 회사의 기업 이미지와 경영 방식, 고객에 대한 태도뿐 아니라 기업 철학이 통하는지 여부까지 고려해야 한다. 그러므로 가급적 브랜드 인지도가 높고 품질과 고객 서비스를 중시하는 회사를 골라 파트너를 결정하는 것이 좋다.

국내에서 빠르게 성장하고 있는 스타벅스 코리아에는 최근 공동으로 마케팅을 하자는 업체들의 제의가 많이 들어오고 있다. 그 대열에는 삼성전자를 포함하여 SK텔레콤, LG텔레콤, 외환은행, 아시아나 항공 등 국내 대표 기업들이 모두 들어 있다.

　전국 매장 75곳 어디에서나 SK텔레콤, LG텔레콤 멤버십 카드를 소지한 고객에게는 무료로 사이즈 업그레이드 및 시럽 추가 서비스를 제공한다. 그래서 음료 주문을 할 때 멤버십 카드를 제시하면 같은 금액에 한 단계 큰 음료수를 서비스 받을 수 있다. 물론 이를 위한 CF광고, 비주얼 제작 등에 들어가는 마케팅 비용은 제휴업체가 부담한다는 조건이다.

　또한 외환은행과 제휴하여 1,000달러 이상을 환전한 고객에게는 스타벅스 무료 음료권을 주고 있으며, 스타벅스 전매장에 '환율 수수료 30% 할인' 우대권을 비치해놓고 있다.

　이들 제휴 업체들이 원하는 것은 고객들을 공유하는 것이다. 고객들에게 서비스를 제공하는 길이 업계에서 차별화를 지키면서 생존할 수 있는 마케팅 전략이라는 인식을 같이하기 때문이다. 업체들의 이러한 전략은 20~30대 젊은 고객을 타깃으로 삼아 스타벅스라는 브랜드 파워를 등에 업고 고객들에게 다가서는 전략이다. 이러한 발상은 고객들에게 한발 더 다가가기 위한 노력의 일환으로 실제로 긍정적인 효과를 거두고 있다.

　이외에도 화장품업계나 IT업체에서도 제휴를 희망하고 있는데, 기업들이 서로 부족한 부분을 메울 수 있을 뿐 아니라 비용의 절감과 신규 시장 진입을 빨리 할 수 있다는 이점 때문이다.

윈윈(win-win) 모델을 만들어라
먼저 한 분야에서 확실한 성공을 하라. 충성스러운 고객층을 확보하고 나면 일류 회사들과 제휴하기가 쉬워진다. 제휴 회사에게도 득이 될 수 있는 윈-윈 모델을 만들어라.

47

고객과 자연스럽게 만나라

고객 만족은 말이 아니라 실천에 달려 있다. 그리고 무엇보다도 고객이 그것을 몸소 느껴야 의미가 있는 법이다. 고객이 늘어나면 번창하고, 고객이 한번 구매하는 양이 많아지면 성장하고, 평생 고객을 창출해낼 수 있다면 영속할 수 있다.

그러므로 모든 사업은 '고객을 돕는 사업'이라고 할 수 있다. 이렇듯 고객이 중요하다는 인식과 맞물려 고객과의 만남에 대한 필요성이 절실하게 요구되고 있는 것이다. 이러한 추세를 반영이나 하듯이 고객과의 만남을 정기적으로 갖는 기업이 점차 늘어가고 있다.

스타벅스에서는 '커피교실'이라는 모임을 정기적으로 운영하고 있다. 국내에도 에스프레소 커피가 보급되면서 커피에 대한 정보나 커피를 만드는 방법 등에 대해서 알고 싶어하는 소비자들이 늘어나고 있다. 이러한 고객들의 궁금증을 해결해주기 위해 무료로 커피교실이라는 프로그램을 운영하고 있는 것이다. 그래서 각 매장에는 커피마스터라는 사람이 한 사람씩 있어서 본사로부터 커피에 대해 특수 교육을 받는다.

커피교실의 운영 방법은 매달 1회 정기적으로 열리며, 매장에서 개별적으로 운영되는 경우도 있고, 지역적으로 가까운 여러 매장들이 함께 실시하기도 한다. 고객들은 커피마스터에게 주로 커피에 대한 기초 이론과 커피를 맛있게 끓이는 노하우를 배우게 되고, 계절별 커피나 다양한 커피를 시음할 수 있는 기회도 갖는다. 또한 교육장에서 직접 커피 프레스를 사용해 커피를 만들어볼 수도 있으며 커피와 패스츄리를 시식하고 샘플용 원두 커피 등을 선물로 받기도 한다.

커피교실은 커피마스터와 고객들이 함께 주제를 선정함으로써 고객이 참여할 수 있는 기회를 많이 주고 있다. 이런 만남을 통해 커피마스터와 고객 사이에는 자연스럽게 친밀감이 형성되는 것이다. 처음에는 1~2군데 매장에서만 실시하던 커피교실도 점점 전체 매장으로 확대되어, 이제는 굳이 스타벅스 고객이 아니더라도 커피에 대해 알고 싶은 사람이면 누구나 이 행사에 참여할 수 있다.

스타벅스의 커피교실은 커피를 팔기 위한 상업적인 수단이 아니라, 커피에 대한 여러 정보를 자연스럽게 얻을 수 있어서 고객 만족을 극대화하기 위한 수단으로 요긴하게 활용되고 있다. 이러한 방법은 큰 돈을 들이지 않고도 고객에

◀ 각 매장에서 개별적으로 실시하는 커피교실은 커피에 대한 다양한 정보를 제공함은 물론이고, 커피 마스터와 고객들 사이에 친밀감이 형성되어 고객 만족을 극대화시킨다.

게 홍보하는 효과가 있다. 이제는 어느 상권, 어떤 브랜드를 막론하고 고객과의 관계를 유지할 수 있는 체제를 갖추는 것이 가장 중요하다. 특히 장기적인 측면에서 브랜드의 로열티를 높이기 위해서는 고객 관리의 강화가 우선되어야 한다. 그러므로 기업에서는 고객과의 관계를 지속적으로 강화시켜 평생 고객으로 발전시킬 수 있는 장치가 필요한 것이다.

부담 없는 공간을 만들어라

고객들이 부담 없이 들어갈 수 있는 개방적인 공간을 만들어라. 매장으로 들어온 고객들이 공간을 자유롭게 이용할 수 있도록 적극 배려하라. 이밖에 다채로운 이벤트를 만들어 지속적인 관심을 갖도록 유도하라.

48

공익 마케팅을 연구하라

이제는 과거처럼 이익을 도모하기 위해 수단과 방법을 가리지 않는 기업은 소비자들에게 외면당하거나 전세계 어느 곳에서도 발 붙이기가 어렵게 되었다. 기업을 바라보는 고객의 시각이 많이 달라졌기 때문에 기업들이 사회적 책임감을 갖고 지역 사회에 깊게 관여하여 여러 가지 문제를 함께 해결해주기를 바라고 있다.

스타벅스는 "지역 사회와 환경에 공헌하라"는 기업 윤리를 바탕으로 재단의 운영, 거리 청소 참여, 봉사 활동, 도서관, 공원, 아카데미 등에 기부 활동을 하고 있다. 또한 지구의 날 청소, AIDS에 관한 운동, 문맹 퇴치 단체에도 적극 참여하고, 비영리 단체와 함께 지역 사회 프로그램도 운영한다. 스타벅스는 지역 사회에 대한 참여를 하나의 기업 문화로 정착시켜 나가고

To create hope, discovery, and opportunity in communities where Starbucks lives and works.

있다.

스타벅스 코리아에서도 한국인의 정서에 부합할 수 있는 지역 사회 활동을 열심히 하고 있다. 1호점인 이대 매장의 오픈을 기념하여 신촌 동사무소 사회 복지과를 통해 신촌 노인정에 쌀을 기부했고, 오픈 1주년 기념으로 북한 어린이 돕기 캠페인을 전개했다. 또한 소년소녀 가장 돕기 성금 전달, 불우이웃 돕기, 어린이병원 후원금 모금 등 여러 활동을 전개해오고 있다.

이러한 활동은 지역 사회에서 좋은 이웃, 지역의 발전에 공헌한 주체로 인식되는 계기를 만들어주었다.

그런가 하면 지역 사회의 발전에 동참하기 위하여 서울특별시 도시철도공사와 함께 '책 나누기 운동'을 펼쳤다. 이 행사는 책을 가져오는 모든 고객들에게 무료로 커피를 제공하고, 모아진 책은 도시철도공사 지하철역 내에 마련된 '도서마당'에 기증하여 지하철을 이용하는 시민들이 자유롭게 빌려보도록 하였다. 이는 고객들이 증정한 책이 지역 사회의 기부 활동으로 이어져 새로운 참여 문화를 이끌어내는 역할을 하고 있다.

지역 사회의 다양한 참여 활동은 프로모션의 중요한 파트로 점차 자리잡아가고 있다. 이제 소비자들 사이에서 스타벅스는 지역 사회를 위해 봉사하는 전령사의 이미지로 인식되고 있다. 그리고 단기적인 이익을 넘어 기업 이미지를 홍보하는 차원으로 장기적인 기업 이미지 향상과 고객과의 관계 구축으로 이어질 것이다.

지역 커뮤니티 활동에 참가하라
점포는 철저한 지역 장사이다. 지역 주민들의 관심과 사랑 없이는 성장할 수 없기 때문이다. 지역적 특성을 연구하여 지역에 도움이 될 만한 커뮤니티가 되도록 노력하라.

49

지역 밀착 마케팅을 연구하라

민심을 얻지 못하면 매출도 없다는 일념 하에 이마트, 마그넷, 홈플러스 등 국내 대형 할인점들은 지방으로까지 매장을 확대하면서 지역민들의 마음을 잡기 위한 다양한 이벤트를 마련하고 있다.

이마트의 경우 삼성라이온스 야구단과 제휴를 맺고 대구시민운동장 야구장에 '신세계 이마트'라는 홈런 존을 신설했다. 롯데 마그넷은 부녀회를 초청, 울산점 견학 행사를 실시하여 주부들로부터 큰 호응을 얻었다. 스타벅스 역시 이마트나 마그넷처럼 지역적인 특성을 파악해 다른 커피 전문점과는 차별화되는 마케팅 활동을 전개하고 있다.

예를 들어, 명동점에는 일본어를 할 줄 아는 직원을 배치하고, 일본어 안내판도 갖춰 놓았다. 다른 매장에서는 찾아볼 수 없는 모습이라 할 수 있다. 그 이유는 명동에 일본 사람들의 왕래가 잦기 때문이다. 실제로 요즘 명동에 나가보면 가장 흔히 볼 수 있는 게 일본어다.

'미니 일본'으로 불리는 명동이 2000년 3월 관광 특구로 지정된 것도 경기 활성화의 한 요인으로 해석할 수 있다. 현재 명동을 오가는 하루 평균 유동 인구는 대략 150만~200만 명 정도이다. 이 가운데 1% 정도가 일본인이라는 게 이곳 상인들의 분석이다.

이런 지역적인 특성에 착안해서 개점 이후 명동 매장의 점장들은 명동의 단체 관광을 인솔하는 여행사 가이드들의 명함을 모으며, 가이드를 대상으로 무료 음료를 제공하는 마케팅 활동을 펼치기도 한다. 물론 스타벅스 매장 안으로 관광객을 유도하기 위한 전략이다. 일본인 관광객들은 전세계 어디를 가나 쉽게 만날 수 있는 스타벅스를 한국에서도 볼 수 있다는 것에 익숙함을 느낀다. 특히 명동점은 세계에서 가장 큰 매장이라는 사실에 많은 소비자들이 더욱 강한 호기심을 가진다.

결과적으로 명동점은 명동이라는 지역의 소비 성향과 특성 등을 사전에 파악하여 매출 증대도 올리고 이미지 제고에도 큰 덕을 보고 있는 셈이다.

이렇게 특정 지역을 대상으로 하는 마케팅을 '지역 밀착 마케팅(area marketing)'이라고 한다. 특정 지역의 상권 분석과 유동 인구와 관련한 여러 데이터를 토대로 특정 상품을 가장 효과적으로 홍보할 수 있는 방안을 전략적으로 접근하는 마케팅 수단이다.

다시 말해, 강남과 강북의 소비자별 기호 차이가 뚜렷한 것처럼 지역마다 고유한 특성이나 독자성이 있기 마련이다. 이 때문에 어떤 한정된 지역 내의 마케팅 환경, 유통 채널, 경쟁 상황, 상품의 쉐어(share) 등을 그 지역 특성에 맞추어 판매하기 위해 가격 정책을 비롯한 선전이나 판촉 활동, 상품 개발과 같은 세세한 마케팅 전략이 요구되는 것이다.

지역 정보를 철저히 조사하라
상권 500미터 내의 지역 정보를 철저히 조사하여, 주민들의 생활과 특성에 맞는 점포를 구축하라. 가능하면 고객 계층별 욕구에 부합하는 최적의 제품 구색을 맞추고 판촉 활동을 전개하라.

50

환경 보호에 앞장서라

1990년대 후반 국내에 처음 소개된 에스프레소 커피와 함께 시작된 테이크아 웃 커피 전문점은 서울, 경기 지역 수도권에만 1만 3,000여 곳이 생겨났으며 앞으로도 계속 늘어날 전망이다.

테이크아웃 커피 전문점 한 곳에서 하루에 소비하는 일회용 컵 소비량은 600 ~700개 정도. 테이크아웃 커피 전문점이 늘어날수록 일회용 용기의 소비량도 비례해서 늘어날 수밖에 없는 현실이다

스타벅스에서는 초기에 고객이 텀블러(보온 컵)를 준비하지 않는 한 모든 커 피를 일회용 컵에 담아 주었다. 특히 갓 추출된 커피가 담긴 뜨거운 종이 컵을 들고다니는 것이 불편하지 않도록 2개의 종이 컵을 겹쳐서 제공하였다. 하지 만 이 때문에 쓸데없이 버려지는 종이 컵의 양이 거의 2배에 달했다.

덕분에 고객들은 스타벅스 커피 맛에는 만족하지만, 갈수록 쌓여가는 일회 용 종이 컵과 냅킨, 플라스틱 뚜껑을 보면서 환경 문제에 대해 부정적인 의견

이 쏟아져 나오기도 했다. 스타벅스에는 이러한 고객들의 의견을 수렴하고 환경 문제 해결에 앞장서기 위해, 재활용이 가능한 컵을 개발하는 데 수백만 달러의 연구비를 아낌없이 투자하였다. 이러한 노력들은 국내에서도 계속해서 진행되고 있다. 환경을 파괴하는 생활 쓰레기의 발생량을 최소화하기 위해 점포에서 사용하던 일회용 컵과 컵 받침, 종이 봉투, 냅킨 등을 모두 재활용품으로 바꾸었다.

최근에는 머그잔을 매장에 비치해놓고 고객들에게 가급적이면 일회용 컵의 사용을 자제하자는 홍보를 하고 있다. 이에 따라 개인 컵을 가져오는 고객들에게는 300원을 할인해줌으로써 일회용 컵의 사용을 줄여나가고 있다. 또한 '일회용 컵 보증금제'를 실시하여 고객이 찾아가지 않은 보증금으로 재활용지를 이용한 노트를 만들어 매장을 찾는 고객들에게 나눠주고 있다.

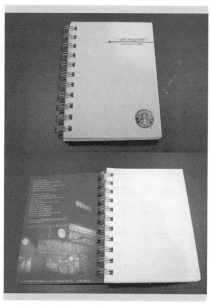

▲ 일회용 컵 보증금으로 만드는 재활 용지를 이용한 노트. 이러한 재활용 활동은 스타벅스가 환경 친화적이고 윤리적인 기업이라는 메시지를 전달한다.

이밖에 커피에서 나오는 부산물인 원두 찌꺼기를 이용해 비료로 활용하는 방법을 찾기 위해 대학 연구실과 분석소에 재활용방법을 의뢰하기도 하였다.

스타벅스는 환경 친화적인 제품의 개발에 이어 용기 디자인, 매장 인테리어, 광고, 직원들의 교육에 이르기까지 '환경 중심적'인 경영 활동으로 기업 경쟁력 및 홍보를 한층 강화하고 있다

재활용에 관련한 여러 활동은 소비자들에게 스타벅스가 환경 친화적이며, 윤리적인 기업이라는 이미지를 알리는 데도 좋은 수단이 되고 있다.

이러한 긍정적인 기업 이미지는 강력한 브랜드를 만들어내는 원동력이 된다. 실제 소비자들도 가능하면 환경 친화성이 강한 우수한 제품을 우선적으로 구매하겠다고 밝히고 있으며, 이에 따른 추가 비용을 지불할 의사도 강하게 보이고 있다.

고객들 뿐만 아니라 투자자들 사이에서도 환경을 생각하는 기업이 제품을 더 책임감 있게 만들 것이라는 무언의 믿음을 가지고 있다. 결과적으로 친환경적인 마케팅 활동은 기업 경쟁력 강화에 큰 도움이 된다는 것을 알 수 있다.

환경 중심의 경영 활동을 전개하라

최근 들어 환경 보호에 대한 사회적 프로그램에 관심을 가지는 사람들이 많아지고 있다. 이에 따라 제품의 용기 디자인, 매장 인테리어, 광고, 직원 교육 등 환경 중심적인 경영 활동이 활기를 띠고 있다. 이 같은 친환경적인 경영 활동은 기업의 경쟁력으로 이어질 가능성이 높다.

PROMOTION

51

프로모션 카드를 활용하라

고객 카드는 고정적인 단골 고객의 확보에 적극 활용되고 있다. 고객 카드를 이용한 이러한 마케팅은 구매한 금액에 따라 일정비율 할인 혜택을 주거나 사용 금액에 따라 사은품을 증정하는 방식으로 이루어진다. 많은 기업들은 소비자들에게 고객 카드를 발급해주고 고객 유치와 관리를 하고 있다.

이와 달리 스타벅스는 별도의 고객 카드를 발급해서 할인 혜택을 준다거나 적립해주는 자체 서비스를 실시하지 않는다. 다른 커피 전문점에 비해 할인 혜택이나 적립금이 없다는 점을 극복하기 위해서 대신 프로모션 카드를 이용해 소비자에게 혜택을 나눠주고 있다. 프로모션 카드 역시 플라스틱 카드를 사용하는 대신 스탬프를 찍어주는 전통적인 방법을 적용해 다른 곳과 차별화를 시도하고 있다.

프로모션 카드는 음료 하나 당 스탬프를 하나씩 찍어주는데 5잔이나 10잔 이상의 음료를 주문한 고객에게는 1잔을 무료로 서비스하고 있다.

예를 들어 프라푸치노 5잔을 주문한 고객에게 1잔을 무료로 서비스해주는 식이다. 일정한 기간 동안 한 가지 음료를 지정하여 그 제품의 인지도를 높이기 위한 서비스의 일종인데, 이러한 서비스는 주로 신제품을 출시한 경우에 많이 이루어진다.

이와는 달리 음료의 종류에 관계없이 10잔을 구매한 고객에게 1잔을 무료로 제공하는 서비스도 실시한다. 최근에는 50잔을 구매한 고객에게 10만원 상당의 텀블러를 사은품으로 제공하는 이벤트를 가졌다. 이 이벤트는 고객들의 반응이 좋아서 미국 본사에서 텀블러를 추가적으로 공급 받기도 했다.

이벤트의 효과가 이렇게 높은 것은 다른 브랜드에 비해 매장의 수가 많고, 사람들이 모이는 곳곳에 위치해 있어서 그만큼 고객들의 방문이 용이하기 때문이다. 또한 고객들 중 상당수는 스타벅스의 각종 머그잔이나 텀블러 등을 소장하는 경우가 많다. 이들은 이런 이벤트 기회를 이용해서 자기가 원하는 물건을 소장할 수 있다는 이유로 친구들과 함께 매장을 방문하여 이벤트에 참가하게 된다.

고객 카드는 각 기업에서 적절한 정책을 가지고 실시를 하고 있다. 고객들이 실제로 체감하지 못할 정도의 혜택이나 서비스는 오히려 부정적인 이미지를 심어줄 뿐이다. 고객에게 외면당하지 않기 위해서는 무조건 혜택이 큰 상품보다는 고객이 편하게 쓸 수 있는 간단한 상품을 지속적으로 개발하고 제공해야만 효과를 거둘 수 있을 것이다.

프로모션 카드로 고객을 관리하라
자주 이용하는 로열 고객에게는 특별한 혜택을 주어 지속적인 방문이 이루어지도록 유도한다. 이러한 측면에서 프로모션 카드는 효과적인 수단이 될 수 있다. 다만, 다른 기업체와의 차별화를 도모하기 위해 프로모션 카드의 디자인과 운영 방법도 수시로 변화를 주어 신선함을 느끼도록 한다.

52

한정 판매를 실시하라

기업들은 고객의 마음을 읽고, 고객을 움직이는 방법에 심리적인 요소를 많이 적용시키고 있다. 홈쇼핑의 광고를 보면 쇼핑호스트가 "오늘만!" 또는 "한정 수량"이라는 말을 특히 많이 사용하는데, 대부분 이 말에 혹해서 전화기를 들어본 경험이 한번쯤은 있을 것이다. 이러한 심리적인 요소를 이용한 다양한 마케팅 방법 중의 하나가 바로 한정 판매이다.

스타벅스에서는 일년 중 특별한 시기에만 즐길 수 있는 계절 상품인 블렌드 커피를 공급해 소비자들에게 원산지 커피들을 한정 판매하는 행사를 가진다. 지난해에는 스타벅스 31주년을 기념하기 위해 시즌 메뉴인 애니버서리 블렌드를 한정 판매하기도 했다.

또한 매장에서 판매하는 빵은 모두 조선호텔 베이커리에서 그날 만든 제품이어서 일일 판매 수량이 한정되어 있기 때문에 오후 늦게 들르는 손님들은 빵 맛을 볼 수 없다. 그런 이유로 손님들의 방문 시간이 조금씩 빨라지는 경향을 보이기도 한다.

한정 판매 품목은 커피나 베이커리만이 아니다. 미니 머그잔이나 텀블러 등과 같은 소품도 해당되는데, 이러한 품목은 행사가 시작되자마자 곧바로 팔려나가기 때문에 물건 구하기가 쉽지 않다. 일부 고객들은 매장마다 재고량이 다른 것을 알고 한 매장에서 품절인 물건을 다른 매장에서 구하기도 한다.

특히 머그잔과 텀블러 커피 세트를 수집하는 고객들이 많고, 주변 사람들에게 선물하기 위해 일부러 구매하는 경우도 있다. 이처럼 한정 판매하는 제품에 대해 고객들의 반응이 높은 것은 상품이 가지는 희소성 가치 때문이다.

일반적으로 한정 판매는 판매하는 품목을 제한하거나 영업 시간을 엄수한다는 방법을 통해서 실시된다. 그래서 기업에서는 소비자들에게 상품의 희소성과 품질의 우수성을 동시에 강조함으로써 구매 욕구를 자극하게 된다.

▲ 심리적인 요소를 이용한 마케팅 방법의 하나인 '한정 판매'는 소비자들에게 상품의 희소성과 품질의 우수성을 강조하여 구매욕을 자극한다.

이러한 자극에 반응을 보이는 소비자들은 꼭 필요한 물건이 아님에도 이번 기회를 놓치면 손해를 볼 것 같은 느낌에 충동 구매를 하기도 한다. 이는 누구나 가지고 싶어하는 소유욕을 자극하기 위해서, '한정 판매'라는 자극적인 문구를 사용하여 소비자의 소비 행동을 촉진시키는 전략이다.

그렇지만 간혹 기업에서는 단기간의 자금 회전을 위해 한정 판매를 실시하기도 하는데, 이때 제품의 품질이 뒷받침되지 않으면 오히려 기업 이미지에 부정적인 영향을 미칠 수 있다는 점도 염두에 두어야 한다.

고객의 소유욕을 자극하라

특별한 명절이나 기념일에는 판매 제품에 변화를 주거나 수량을 제한하는 등 한정 판매를 시도하는 것이 좋다. 이러한 판매 방법은 고객에게 제품에 대한 희소성 가치를 불러일으키게 하고 나아가 소유하고 싶은 충동을 유발시킬 수 있다.

PROMOTION

53

매장 활용을 극대화시켜라

요즘에는 인터넷 동호회 한두 개 정도 가입하지 않은 사람이 없을 정도로 온라인 모임이 활발해지면서 연쇄적으로 오프라인 모임도 잦아지고 있다. 번개, 정모, 정팅이라는 단어들이 온라인 동호회의 오프라인 모임을 지칭하는 대명사가 될 정도로 모임 공간에 대한 수요 또한 늘고 있다.

지금까지는 이런 모임을 음식점이나 호프집 등에서 주로 가졌는데, 아무래도 이런 곳은 주변이 소란스러워 이야기를 나누기가 어렵다. 그렇다고 돈을 지불하면서까지 별도의 공간을 빌리기도 부담스럽긴 마찬가지다. 대부분의 사람들은 분위기가 괜찮은 공간에서 커피나 음료를 한잔하면서 자연스럽게 대화하기를 원한다. 스타벅스는 이러한 사람들에게 '제3의 공간' 으로 애용되고 있다.

사무실이 밀집해 있는 강남이나 여의도 매장에서는 장소를 무료로 대여해주고 있다. 매장 회의실은 창의력이 요구되는 기획 회의 장소로 적합하며, 커피를 별도로 타야 하는 번거로움이 없어서 반응들도 좋다.

이곳을 찾는 대부분의 회사원들은 간단하게 쿠키에 커피를 곁들여 먹으면서 자연스러운 분위기에서 아이디어 회의를 하는 걸 즐기는 편이다.

최근 기업에서 유행처럼 번지고 있는 '팀' 체제가 대학까지 영향을 미치면서 '팀 프로젝트'(일명 팀플) 또는 '조모임'이 리포트의 꽃으로 떠오르자, 학생들은 모임에 적합한 장소를 탐색하느라 더욱 바쁘다.

신촌점, 이대점 등 대학가 근처에 자리잡은 매장은 시험 기간이나 리포트 시즌에 맞춰 학생들에게 '밤샘 시험공부 장소' 및 '조모임 장소'를 제공하고 있다. 시험 기간에는 예약을 해야 자리를 잡을 수 있을 정도로 인기가 좋다.

이러한 서비스는 가정과 직장의 중간쯤 되는 '제3의 장소'로 개인적인 시간을 가지면서, 휴식도 취하고 사람들과 자유롭게 이야기할 수 있는 공간으로 느끼게 해준다. 무엇보다도 공간을 무료로 대여해주기 때문에 학생들에게는 특히 금전적인 부담을 덜 수 있어 더욱 좋은 반응을 얻고 있다. 또 오랜 시간 자리를 잡고 있어도 눈치 볼 일이 없으므로 집, 직장 다음으로 이보다 더 좋은 장소도 없을 듯싶다.

고객들에게 매장을 대여해주는 서비스는 매출을 올릴 수 있는 것은 물론이고, 많은 사람들에게 모임을 갖기에 적절한 장소라는 사실을 인지시키는 데도 효과적이다.

매장이 한가한 시간에 새로운 고객을 잡아라
하루 중 손님이 많이 몰리는 시간이 있는가 하면 매장이 한가한 경우도 있다. 점포가 썰렁해지는 한가한 시간대에 장소가 필요한 고객에게 대여해줘라. 이때를 활용하면 새로운 고객을 확보할 수 있다.

PROMOTION

54

각종 간행물을 활용하라

일반적으로 소비자는 카탈로그나 안내 책자를 보고서 그 기업이 제공하는 상품의 내용뿐 아니라 어떤 성격의 기업인지 판단한다. 이런 자료들은 기업들이 판매 활동을 함에 있어 반드시 필요한 것으로 각종 간행물의 제작에 따라 그 기업의 판매 성과에 커다란 영향을 미치기도 한다.

스타벅스 매장에 들어가면 자사 제품 가이드북을 비롯하여 몇 가지 안내 책자를 전시하고 있다. 안내 책자는 주로 커피를 맛있게 즐기는 방법, 좋은 커피를 선택하는 방법, 커피의 종류와 제작 방법 등에 관한 것들이 대부분이다.

『세계의 커피』에는 요즘 판매되고 있는 배전 커피의 각각 다른 맛을 자세히 다루고 있으며, 『가정에서 최고의 커피』에는 커피를 분쇄하고 추출하는 과정, 『스타벅스 특별 음료 만드는 방법』에서는 카푸치노와 카페라떼 음료를 마시는 방법을 그림과 함께 설명하고 있다.

이러한 간행물들은 매장의 컨디먼트 바에 비치하여 손님들이 오가면서 자연스럽게 접할 수 있도록 하고 있다. 손님들은 커피를 마시면서 간행물을 뒤적이다 커피에 대한 새로운 정보를 접하게 된다.

이외에도 매장 앞에 진열대를 세워서 홍보 자료를 비치하고 있다. 특히 스타벅스의 경우 빠른 사업 확장과 국내 최초의 테이크아웃 커피 전문점이라는 명성으로 신문, 잡지 등에 자주 오르내려 인지도를 더욱 넓혀주고 있다.

간행물을 통한 홍보는 기업이나 단체의 입장에서 보면 광고비를 따로 들이지 않고도 자사의 상품이나 서비스를 널리 알릴 수 있다는 점에서 몇 가지 이점을 안겨준다.

첫 번째는, 새로운 상품이 출시되었을 때 많은 사람들에게 이러한 사실을 알릴 수 있다는 점이다. 특히 대중 매체를 통한 광고를 하지 않는 경우엔 간행물을 통해서 신제품을 홍보할 수 있다.

두 번째는, 경제적인 측면에서도 비용 절감을 할 수 있다는 이점이 있다. 신문이나 잡지에는 광고를 싣는 매체에 비용을 지불해야 하지만, 간행물의 경우 기업의 자체 제작비에는 별도의 비용을 지불하지 않는다.

세 번째는, 소비자들의 거부 반응을 줄여줄 수 있다는 점이다. 자사 제품에 대한 자료를 담은 간행물과 더불어 전반적인 업계 동향이나 문화도 읽을 수 있는 간행물을 함께 비치하면 소비자들의 거부감도 줄일 수 있다.

▲ 간행물들을 이용한 홍보 방법은 적은 비용으로 자사의 상품이나 서비스 등을 알리는 데 효과적이다.

도움이 되는 정보를 제공하라

고객들에게 도움이 될 만한 정보들을 제공하라. 커피숍은 기다리는 시간이 많기 때문에 이 시간을 이용하여 관련 정보를 제공하면 고객들이 더욱 친밀감을 느끼게 될 것이다.

PROMOTION

55

자생적인 커뮤니티를 연출하라

요즘은 인터넷이 거의 모든 정보의 중심 축을 이루고 있다. 온라인상에서 모인 사람들끼리 의사소통을 하고 개개인의 다양한 욕구를 충족시켜줄 수 있는 커뮤니케이션 통로로, 인터넷만큼 효과적인 채널도 없다는 것에 반대할 사람은 아무도 없을 것이다.

인터넷에 존재하는 수많은 커뮤니티를 둘러보면 한 가지 특이한 점을 발견하게 된다. 다름이 아니라 소비자들은 단순히 정보를 수집하고 비교하는 데 머물지 않고, 적극적으로 자신의 경험과 정보를 다른 소비자들과 공유하려고 한다는 점이다. 그들은 제품에 대한 사용 후기를 부지런히 올리고 평가를 내리며, 다른 사람들에게 추천하기도 한다.

국내에서 가장 많은 회원 수를 확보하고 있는 인터넷 커뮤니티 다음, 프리챌에 접속하여 스타벅스라는 키워드를 입력하면 엄청난 수의 커뮤니티가 검색된다. 커뮤니티 규모는 천차만별이다. 회원의 규모가 6,000명이 넘는 곳이 있는

가 하면, 10명 안팎의 소규모 커뮤니티에 이르기까지 무척 다양하다

커피를 좋아하는 사람들, 일하고 싶어하는 사람들, 일하는 파트너들이 자발적으로 커뮤니티를 만들어간다. 이렇게 온라인 커뮤니티를 중심으로 형성된 모임은 오프라인으로 확대되어, '번개'를 칠 정도의 마니아들도 상당수에 이른다. 커뮤니티에서는 주로 커피에 관한 기초 지식부터 커피를 제조하는 방법, 제품에 대한 평가, 매장에서 일하기, 기타 다양한 경험에 대한 정보를 주고받는다. 소비자들은 커뮤니티 내에서 제품의 장단점을 분석하고 이에 대한 정보를 공유하게 된다.

20~30대 소비자들에게 큰 호응을 얻고 있는 스타벅스는 인터넷을 통해 신제품 개발 아이디어를 얻기도 하며, 소비자들의 불만 사항에 대해서는 신속하게 대처한다. 커뮤니티가 일종의 아이디어 창구 역할을 하는 셈이다. 이러한 모습이 소비 시장에 무시할 수 없는 영향을 미치고 있음은 자명한 일이다.

이처럼 커뮤니티에서의 제품 평가 영향력이 광고에 못지않게 막강해져서 이들로부터 좋지 못한 평가를 받은 제품들은 대개는 시장에서 고전하는 경우가 많다. 또한 고객과의 접점 창구로 홈페이지를 적극 이용하고 있다. 홈페이지에 마련된 "나만의 추천 커피" 코너에는 매장 음료 중 커피나 시럽, 휘핑, 샷을 추가하여 마셨던 경험이 있는 고객들이 올린 시음 후기가 주를 이룬다. 이러한 서비스는 고객들의 욕구나 선호도를 정확히 파악하기 위해 마련된 코너이다. 소비자의 트렌드를 정확하게 읽어내는 행위는 미래의 잠재 시장에서 새로운 가치를 창출할 수 있는 기회로 이어진다.

마케팅의 모든 시작은 고객이라고 할 수 있다. 커뮤니케이션을 통해 고객의 욕구를 정확히 파악해야만 고객 만족을 이룰 수 있는 것이다. 이러한 의미에서 커뮤니티는 고객과 만날 수 있는 유용한 수단임에 틀림없다. 특히 자발적이고 적극적인 소비자 활동은 어느 마케팅 활동 전략보다도 효과적이다.

고급 오토바이 회사인 할리데이비슨이 세계 시장에서 위기에 몰리자, 할리데이비슨 오토바이 애호가들이 자발적으로 애호가 클럽을 형성하여 이 상품을

되살려낸 사례를 보면 소비자들의 위력을 짐작할 수 있다.

그렇지만 이러한 커뮤니티가 자생적으로 만들어지기를 기다릴 수만은 없는 일이다. 매력적인 상품을 개발하고 커뮤니티 형성을 적극 도우면서 붐을 조성하는 데 보다 많은 노력을 기울여야 한다

고객들 사이에서 화제거리가 되게 하라
감성 상품을 개발하여 고객들 사이에서 자연스럽게 화제가 되고 이를 이야기하는 커뮤니티를 만들어라. 특히 인터넷 커뮤니티를 잘 활용하면 지역 사회뿐만 아니라 전 국민적인 네트워크를 구축할 수 있다.

56

서로 경쟁하게 하라

비즈니스는 시장과 기술의 변화에 따라 그 사업 방식이 계속 진화하고 있다. 우리가 사양 업종이라고 생각했던 아이템들이 살아 남는다거나, 수세에 몰린 비디오방이 대형 스크린을 설치하면서 DVD 방으로 변모를 꾀한다든가 하면서 말이다. 또한 테이크아웃점이 붐처럼 생겨나기 시작하자 버블티나 조각케이크 또는 쿠키 종류를 끼워 파는 식으로 메뉴를 보강하며 소비자의 욕구를 충족시키고 있다. 이러한 움직임을 보이는 것은 변하지 않으면 경쟁 시장에서 생존하기 어렵기 때문이다.

종전에는 프랜차이즈의 경우 이벤트를 실시할 때 전체 매장에서 동시에 이루어지는 경우가 일반적이었으나, 요즘에는 같은 브랜드라도 매장에 따라서 이벤트의 실시 여부가 다르고, 이벤트의 내용 역시 차별화가 이루어진다.

스타벅스의 여러 매장을 돌아다니다 보면 어떤 매장은 사이즈 업그레이드 행사를 하고, 또 다른 매장에서는 무료 시식 행사를 하는 등 각 매장마다 행사

내용이 각각 다르다는 것을 알 수 있다.

신제품 출시와 같은 경우는 전국 매장 내에서 동일한 이벤트를 실시하지만, 매장에 따라 각기 다른 이벤트 활동을 펴는 지역 밀착형 홍보에 주력하고 있다. 각 매장에서는 점장이 사장 역할을 대행하면서, 해당 매장에 가장 적합한 아이디어를 고안해서 행사를 진행하는 것이다. 특히 매장을 오픈하는 지역에서는 스타벅스를 알리기 위해 다양한 이벤트를 준비한다.

삼성역점의 경우는 초기에 위치 선정을 할 때 주변에 사무실이 많아 회사원들이 많이 찾아올 것이라고 기대했는데, 의외로 방문 고객이 적었다. 매장 위치가 눈에 띄는 곳이 아니어서, 주변 사람들은 오픈 사실조차도 알지 못했다. 이런 이유로 대부분의 회사원들은 코엑스에서 점심을 해결하고 그 근처에서 음료를 사가지고 사무실로 들어가기 때문에 스타벅스 매장까지 갈 이유가 없었던 것이다.

삼성역 매장에서는 이러한 잠재 고객들을 유인하기 위해서 명함 받기 이벤트를 실시했다. 매장을 방문하는 손님들의 명함을 일일이 받아서, 방문 후 직접 커피를 갈아주며 무료로 시식할 수 있는 행사를 하였다. 행사 초기에는 거부 반응을 보이는 손님들도 더러 있었으나, 얼마 가지 않아 많은 손님들이 커피 맛에 좋은 평가를 내렸고, 삼성점의 단골 손님들이 되었다.

삼성점 이외에도 김포공항 내 1층과 3층에 위치한 매장은 향후 지방으로 매장을 확산하기 위한 일환으로 미리 교두보를 마련한다는 홍보용 매장으로서의 역할을 수행하고 있다. 지방에 매장을 오픈하기 전에 먼저 공항 이용객들과 친숙해지기 위한 전략이다. 전국적인 매장 확산을 앞두고 차질이 없도록 사전 준비를 하는데 있어 중요한 역할을 하고 있다.

앞으로 소비자들의 욕구는 계속 변할 것이고, 시장 또한 움직임을 멈추지 않을 것이다. 밀려오는 파도타기를 하는 것처럼 쉬지 않고 변화하는 시장의 파도를 자연스럽게 잘 타야 한다. 너무 앞서가도 파도에 휩쓸릴 것이고, 너무 늦으면 깊은 바닷속으로 서서히 가라앉고 말 것이다. 정확히 파도 꼭대기에 올라탄 채 스릴을 만끽하려면 무엇보다 타이밍이 적절해야 한다.

기업체들이 시장의 빠른 변화에 대처하고 성공을 거두기 위해서는 적시 적절한 마케팅 도구들을 활용할 줄 알아야 한다. 그런 의미에서 매장별로 다르게 진행되는 이벤트는 매장별 특성에 맞는 홍보 전략으로, 나아가 브랜드 이미지 제고에 큰 기여를 할 것이다.

부분적으로 매장에 권한을 위임하라

모든 영역을 본사의 통제에 의존하다 보면, 빠르게 변화하는 시장에 유연하게 대처하기 어렵다. 부분적인 영역에서는 각 점포별로 그 지역에 맞는 마케팅 활동을 할 수 있도록 점장에게도 권한을 부여하라.

57

공생 마케팅을 연구하라

정보통신 기술의 발달로 세계가 하나로 통합되면서 업종 간의 경계가 빠른 속도로 허물어지고 그럴수록 경쟁은 더욱 심화되고 있다. 이에 기업들은 치열한 경쟁 속에서 독자적으로 살아남을 수 없음을 인식하고, 업종 간의 벽을 넘어 일등 기업들끼리 서로 손을 잡는 '이(異) 업종 제휴'를 추진하고 있다.

최근 국내에서 성사되었던 대표적인 '이 업종 제휴'로는 스타벅스 코리아와 삼성전자를 들 수 있다. 두 회사는 인터브랜드사와 비즈니스위크지가 발표한 〔2002년도 세계 100대 브랜드〕라는 자료에서 브랜드 가치 성장률이 가장 높은 기업으로 등재된 바 있다.

두 회사는 삼성전자 전국 대형 매장 가운데 상호 '윈윈'할 수 있는 곳에 디지털 제품과 커피를 함께 판매하는 복합 매장을 설치하기로 합의했다. 그래서 그 출발점으로 100평 규모의 삼성전자 리빙프라자 선릉점 내에 15평 규모의 새로운 형태의 매장을 오픈하게 된 것이다.

그렇다면 이런 제휴를 통해서 얻고자 하는 것은 무엇일까?

삼성전자는 그동안 전략적 제휴를 통해 제품을 판매하던 기존 매장과는 달리, 문화와 휴식을 만끽할 수 있는 열린 공간을 제공함으로써, 커피를 찾는 고객들을 대상으로 판매로 확대하기 위해서 제휴를 결정하게 된 것이다.

▲ 삼성전자 매장 안에 오픈한 스타벅스 선릉점. 서로 다른 업종 간의 제휴로 시너지 효과를 극대화 시키려는 시도이다.

스타벅스 역시 삼성전자 매장을 적극 이용하여 단기간 내에 점포 수를 확대하고 고객들에게 커피를 알리기 위한 마케팅 효과를 기대하고 있는 것이다.

전략적 제휴를 통해 두 회사가 얻고자 하는 바가 같음을 알 수 있다. 삼성전자 측은 복합 매장이 새로운 문화 체험의 명소로 자리매김을 함으로써 얻을 수 있는 마케팅 효과를 기대하고 있다. 반면 스타벅스는 기존의 삼성전자 매장의 인지도를 등에 업고 빠르게 매장 수를 늘려 많은 고객들에게 알릴 수 있다는 점을 노리고 있다. 특히 국내에 있는 매장은 거의 카페 형식을 취하고 있어 장소와 위치에 따라 매장 비용의 절감 효과를 가져올 수도 있다.

이들 두 기업은 시대 변화에 주도적으로 대응하고, 나아가 성장 에너지의 고갈로 새로운 영역을 개척하기 위해, 또는 치열한 마케팅 전쟁에서 살아남기 위한 전략으로 제휴를 추진하고 있다.

성공적인 전략적 제휴를 위해서는 무엇보다 제휴 회사가 함께 시너지를 창출할 수 있어야 한다. 그러려면 제휴한 후의 장점이 독자적일 때의 장점보다 더 크게 작용해야 하며, 파트너끼리 서로 단점을 보완해줄 수 있어야 한다.

시너지를 창출할 수 있는 회사와 제휴하라

커피 문화를 즐기는 데 도움이 되는 상품이나 회사와 서로 제휴하라. 이런 회사와의 제휴는 판매에도 도움이 될 뿐 아니라 고객에게도 솔루션 상품을 제공할 수 있다.

58

무료로 시식하게 하라

불경기를 타개하기 위해 기업마다 여러 가지 미끼 상품을 내놓거나 무료 시식을 비롯한 각종 시음 행사를 펼치는 등 소비자들의 지갑을 열기 위해 고심을 하고 있다.

그동안 백화점이나 할인점에서 주로 했던 시식이나 시음 행사가 최근 들어 슈퍼마켓에까지 확산되고 있다. 한 슈퍼마켓의 경우 아예 4개 이상의 상설 시식 코너를 갖추고 시음 행사를 실시해 고객들로부터 큰 호응을 얻고 있다. 이렇게 맛으로 승부를 보는 제품들은 시식 행사를 통해 소비자에게 맛볼 수 있는 기회를 직접 제공하므로 더욱 효과적이다.

월요일 오후에 찾은 스타벅스 매장, 점심때나 저녁에는 사람들로 붐비지만, 점심 시간이 지난 오후 3~4시경이면 조금 한가할 듯싶어 갔더니 역시나 사람들로 가득하다. 다만 평소와 다른 점이 있다면 이날은 커피를 무료로 마실 수 있다는 것이다. 지난 3월부터 전국의 75개 매장에서 매주 월요일 오후 3~4시에 선착순 100명의 고객을 대상으로 무료로 음료를 제공하고 있다. 일부러 이 시간에 맞춰 회사에서 나와 무료 커피를 시음하는 손님들도 있을 정도로 고객들의 반응이 좋다.

매장이 가장 한가한 시간에 무료 시음 행사를 함으로써 매출을 높이는 데도 일조를 하고 있다. 시음하는 동안 손님들에게 커피에 대한 정보를 알려주면서, 제품에 대한 고객들의 반응을 살필 수도 있다.

"이 커피는 제가 평소에 마시던 커피보다 진한 느낌이 들어요."

"네. 방금 드신 커피는 더블샷입니다. 이번에 개발된 신제품인데, 다른 커피에 비해 에스프레소의 깊은 맛을 느낄 수 있는 아이스 음료입니다."

보통 기업에서는 신제품이 출시되면 대대적인 광고를 통해 소비자를 설득하지만, 이런 방법은 사실상 광고의 효과 측정이 어렵다. 이에 비해 무료 시식이나 시음을 통한 행사는 소비자들이 커피라는 제품을 직접 먹어보고 맛과 질을 그 자리에서 검증할 수 있으므로 제품에 대한 이미지가 강하게 남을 수 있다는 장점을 지닌다.

기업들은 고객에게 맛과 질을 검증할 수 있는 기회를 주고, 반대로 고객은 기업들에게 매출 향상의 효과를 안겨주는 시음, 시식 행사를 잘만 활용한다면 매출의 효과를 극대화할 수 있다.

가령 식품 매장에서는 오전 11시~오후 1시, 오후 4시~폐점 시간에 시식, 시음 행사를 하는 것이 좋다. 왜냐하면 식사 시간을 전후해 소비자의 시장기를 최대한 자극함으로써, 상품의 판매를 늘릴 수 있기 때문이다. 그러므로 판매 효과를 극대화하기 위한 시식, 시음 행사를 할 때는 자신의 제품 특성에 맞는 운영으로 고객의 발길을 붙잡아야 한다.

오피니언 리더를 초대하여 시식하게 하라
신제품 출시를 알리는 시식 행사 때 고객에게 제품에 대한 정보를 적극 홍보하라. 이때 오피니언 리더 고객층을 초대하여 시식하게 하고 분위기를 느끼게 하는 것도 효과적이다.

PART 2

스타벅스의
감성 마케팅 5P

People 사람

PEOPLE

59

마케팅의 제1요소는 사람이다

기업 경영의 기본 요소는 4M이다. 4M이란 Man(사람), Money(자본), Material (물자), Management(경영)를 가리키는데, 이 가운데 가장 중요한 구성 요소는 바로 사람, 즉 인적 자원이다.

스타벅스와 같이 인적 서비스가 가미된 사업의 경우에는 특히 직원의 열정과 전문성이 더욱 강조된다. 즉 단순히 커피를 서빙하는 사업이 아니라 커피를 서빙하는 사람 사업에 종사한다는 믿음에서 출발해야 한다는 말이다. 이는 기업의 열정과 지식을 전달해주는 직원이야말로 중요한 존재이므로 그들에 의해서만 모든 메뉴와 서비스가 제대로 전달될 수 있다고 생각하기 때문이다.

스타벅스 커피 코리아에서는 최고의 맛과 서비스를 제공하기 위해 400명에 달하는 전직원을 정규직으로 채용하고, 동종업계에 비해 높은 임금을 책정하고 있다. 또한 동종업계에서는 보기 드물게 직원들의 사기를 진작시키기 위해 해마다 수익의 일부를 직원들에게 되돌려주는 '직원 이익환원제'를 시행하고 있다. 이러한 제도를 시행하는 이유는 직원들과 함께 브랜드를 만들어간다는 인식에서 비롯된 것이다.

사업을 함에 있어서 가장 중요한 요소는 무엇일까? 아이디어, 특허, 기술, 자본, 마케팅 어느 것 하나 중요하지 않은 것이 없지만 그 중에서 첫 손에 꼽으라면 단연 사업을 수행하는 주체인 사람이다.

사업은 사람이 하는 것이고 동업자이든 직원이든 좋은 사람이 많이 모이면 모일수록 성공에 가까워진다. 스스로 준비가 되어 있고 마음의 문이 열려 있는 사람이 사업주라면 투자 자본이나 사람(동업자, 직원)들이 언제든지 함께 하려고 할 것이다. 사람이 없으면 어떤 일이든 제대로 추진할 수 없을 터이고 성공은 더더욱 먼 남의 이야기가 될 것이다.

기업의 경쟁력은 구성원의 경쟁력에 달려 있다 해도 과언이 아니다. 구성원과 기업이 신뢰하고 서로의 발전을 위해 노력을 아끼지 않을 때야말로 일터엔 활력과 창의력이 넘칠 것이고, 그것은 곧바로 기업의 경쟁력으로 이어진다.

마케팅의 핵심은 사람이다
서비스업의 핵심은 사람이다. 고객도 사람이고 서비스맨 또한 사람이다. 스타벅스는 젊은 고객의 눈높이에 맞는 전략을 구사했고 서비스하는 사람도 고객의 나이와 비슷한 사람이 주를 이룬다.

60

감성 사원을 선발하라

최근 20~30대의 감성 세대들이 소비 문화를 이끄는 주도 계층으로 떠오르고 있다. 이들은 직장 일에 열심이면서도 자신만의 가치 기준에 따라 삶을 살아가려는 자유롭고 진보적인 사고를 가진 소비 계층이다. 이들은 직접 돈을 벌 수 있는 경제력과 이를 과감하게 쓸 줄 아는 소비력을 동시에 갖춘 세대라고 평가할 수 있다. 이동통신, 외식업, 의류 전문점 업체들이 이들 감성 세대를 주고객으로 삼고 있는 데도 다 이유가 있는 셈이다.

이들의 구매 성향을 보면 단순히 제품의 특징이나 제품이 주는 이익만을 보고 제품을 구매하지는 않는다는 특징이 있다. 대신 제품에 담긴 이야기나 마음을 움직일 수 있는 감성 중심의 제품이나 서비스를 나름대로 평가한 뒤에 구매하는 경향을 보인다. 즉 이들은 감성에 따라 상품을 선택한다고 볼 수 있다. 그래서 기업들은 젊은 세대의 문화 및 감성 코드를 충분히 자극할 수 있는 마케팅 기법을 동원하고 있는 것이다.

그렇다면 이러한 감성 세대들을 불러들이기 위해 어떻게 해야 할까? 외부적인 마케팅 활동을 통해 이들을 사로잡는 것도 물론 중요하다. 하지만 기업 내부에 감성 세대들이 즐기는 트렌드를 읽어낼 수 있는 인재를 선발하여 조직 자체를 감성 중심의 문화로 만들어가야 한다.

스타벅스 매장을 주로 찾는 연령층이 바로 20~30대 감성 세대들이다. 특히 여성 소비자가 주요 고객층이다. 그래서 이들의 감성을 읽을 수 있는 사람들을 선발하는 것이다. 실제로 매장에 들려보면 20대의 파트너들이 주를 이루며 그 중에서도 여성의 비율이 상당히 높은 편이다. 고객들은 감성에 따라 상품을 선택하므로, 파트너들 역시 이들이 좋아할 만한 감성을 끌어내어 그에 맞게 대처할 수 있는 것이다.

비가 와서 우울한 사람이나 애인과 같이 오는 이성 커플에게 바리스타는 적당한 커피를 추천해준다. 고객들은 개인의 기분이나 감성까지 배려하는 바리스타의 세심한 서비스에 고마움을 느끼게 되고, 이를 계기로 단골 고객으로 등록하게 된다.

21세기는 거의 모든 일이 감성을 중심으로 이뤄지고 있다. 감성에 따라 재화가 흐르고, 일자리도 마련되고, 사람들도 모인다. 이렇게 모인 사람들 역시 감성이 풍부한 조직 문화를 유지하는 기업을 선호하게 된다. 감성이 풍부한 조직은 즐거운 기업 문화를 창출하고 자연적으로 문화 중심적인 삶의 공간을 만들어낸다. 전체적으로 감성 경영에 충실한 기업이 경쟁력도 향상시킬 수 있다는 결론이다.

사람을 좋아하는 사원을 채용하라
훌륭한 서비스를 하려면 먼저 사람을 좋아해야 한다. 고객을 좋아하고 서비스하는 것을 즐거워할 수 있는 감성 사원을 뽑아서 전문적인 교육을 실시하라.

PEOPLE

61

내부 직원이 고객이 되게 하라

한 조사에 따르면 일반적으로 서비스에 불만을 느낀 고객 1명은 10명 이상의 주변 사람들에게 자신이 겪은 불만을 전하게 된다고 한다. 그렇다면 회사에 불만을 느낀 직원이 자사의 제품을 포함한 외부 고객들에게 미치는 영향은 어느 정도일까?

"우리 회사 제품은 별로야."라고 말하는 내부 직원의 말을 듣고, 실제로 물건을 구매하는 사람은 없을 것이다. 그 회사의 직원도 만족하지 못하는 제품이라면 어떤 사람이 그 회사의 제품을 믿고 구매할 수 있겠는가?

제품을 구입하는 고객에 대한 서비스도 서비스지만, 내부 직원이야말로 자사의 제품을 가장 먼저 접하는 일차 고객에 해당하므로 이들에 대한 서비스도 병행해야 한다. 자사 직원들이 제품 서비스에 만족을 해야 일반 고객들에게도 적극적인 마케팅으로 이어질 수 있기 때문이다.

자신이 몸담고 있는 회사에 불만이 많은 직원은 이직률이 높다. 이직률이 높다는 것은 이직으로 인한 업무 공백으로 발생되는 비용의 손실을 의미한다. 뿐만 아니라 신규 직원이 업무에 익숙해지는 과정 중에 발생하는 기회 비용을 포함한 제반 비용이 추가적으로 발생하게 된다.

스타벅스의 하워드 슐츠 회장은 일반 고객들을 만족시키기 위해서는 먼저 내부 고객이 스스로 만족할 수 있는 서비스가 이루어져야 한다는 명확한 경영 철학을 견지해왔다. 그 일환으로 슐츠 회장은 직원들과 일과성의 계약이 아닌 신뢰를 바탕으로 한 친밀한 관계를 구축하기 위한 몇 가지 노력들을 기울였다.

가장 신경을 쓴 부분이 바로 직원들에 대한 교육이다. 슐츠 회장은 사람들을 고용하고 교육시키는 것이 고객들의 기대를 충족시키는 첩경이라고 믿었기 때문에, 교육 부분에 상당한 비용을 투자하여 직원들이 커피에 대한 다양한 지식을 갖추도록 주문했다.

그 다음은 복리 혜택에 많은 신경을 썼다. 정규 직원이 아닌 파트타임 직원들까지도 의료 혜택 서비스를 받을 수 있도록 함으로써 회사에 대한 믿음을 심어주는 데 주력하였다. 이러한 복리 혜택은 전직원이 안정된 환경에서 내 일처럼 열심히 일하는 분위기로 이어졌다.

회사가 직원들에게 혜택을 주면 그들은 자신이 맡은 일에 보다 긍정적인 생각을 가지고 만족하게 된다. 회사에 만족하는 직원들은 매사에 능동적인 자세로 맡은 일을 처리하게 되고, 매장을 찾는 고객들에게도 최고의 커피를 서비스하겠다는 각오를 다진다. 이런 각오는 열정으로 표출되어 고객들로 하여금 매장을 다시 찾게 만든다. 결국 자신의 일에 최선을 다하는 직원 개개인은 단순한 직원이 아닌 자사의 커피와 브랜드를 대표하는 가장 훌륭한 대사들로 거듭나게 되는 것이다.

눈 앞의 이익을 쫓는 일부 소매업자들은 이직이 임금이나 복지와 관련한 비용을 줄여준다는 짧은 생각만을 믿고 의식적 혹은 무의식적으로, 특히 경력 직원들의 이직을 유도하기도 한다. 그러나 잦은 이직은 고객 서비스에 악영향을 끼친다.

스타벅스의 경우 단골 손님이 주를 이루기 때문에, 경력이 오래된 익숙한 직원은 매장을 찾은 고객이 좋아하는 음료를 금방 기억할 수 있다. 그러므로 보다 친숙한 서비스를 할 수 있게 된다. 만일 그 직원이 이직을 한다면 단골 고객과의 강한 유대 관계는 일시에 끊어지게 되는 것이다.

사람을 보려거든 먼저 그 집안을 보라는 속담이 있다. 즉 내부의 직장 동료끼리 상호 협력하는 관계가 정립하지 않고서는 외부 고객에 대해서도 올바른 고객 감동 서비스를 이끌어낼 수 없다는 의미다.

자신의 일터에 만족을 느낀 내부 고객만이 외부 고객에게도 감동을 줄 수 있다. 내부 고객을 만족시키지 못한 기업이 성공한 사례는 거의 찾아볼 수 없다. 직원들이 한결같이 고객에 대해 올바른 인식을 갖고, 고객을 위해서 노력하는 것을 진정한 즐거움으로 받아들이기 위해서는, 경영자가 나서서 직원들을 만족시킬 수 있는 내부 환경을 조성해야 한다

직원이 친구들을 매장으로 불러 모으게 하라

직원을 선발할 때 스타벅스의 고객으로 경험이 풍부한 사람을 우선적으로 선발하는 것도 좋다. 스타벅스의 직원은 자신이 직원이기도 하고 고객이기도 하다. 직원이 자신의 친구들을 매장으로 불러 모을 수 있도록 유도하라.

62

직원에게 자부심을 심어주어라

요즘 직장인들 가운데 자기가 하는 일에 자부심을 가지고 일을 하는 사람이 얼마나 될까? 이런 질문을 받으면 선뜻 대답하기가 어렵다.

내 일터에 대한 자부심은, 사장이 직원들에게 일방적으로 "자부심을 가져라!"라고 말한다고 해서 저절로 생기는 성질의 것이 아니다. 직원들 스스로 마음속에서 우러나야 가능한 일이다. 그러려면 직원들이 회사에 대한 자부심을 갖도록 경영자가 여러 가지 노력들을 기울여야 한다.

스타벅스는 직원들이 회사에 대한 자부심을 스스로 갖도록 하기 위해, 현장에서 일하는 직원들에게도 의사결정에 참여할 수 있는 권한을 준다. 회사의 정책이나 전략에 대해서 자유롭게 비판할 수 있는 분위기를 조성해 직원들의 의견에 귀를 기울이는 경영을 한다.

현장 직원들이 생각하는 바를 자유롭게 말하고, 이것을 최고 경영자가 귀담아 들어주는 분위기는 설립 초창기부터 계속되면서 이제는 정착 단계에 이르

▲ 직원들은 자신이 꼭 필요한 존재라는 사실에 보람을 느끼고 만족해 한다.

렀다. 이러한 분위기는 전반적인 업무에 걸쳐 즉각적이고 긍정적인 영향을 미치고 있다.

스타벅스 코리아에서는 매년 연말이면 전 파트너가 한자리에 모여 올해의 실적과 내년도 계획을 설명하고 비전을 공유하는 시간을 갖는다. 그밖에도 회사의 대표가 모든 신입 파트너와 시간제 아르바이트 파트너의 교육 시간에 참여하여 회사의 비전을 공유하는 노력을 하고 있다.

결과적으로 직원들이 의사결정에 참여함으로써 회사에 대한 소속감이 더욱 깊어져 회사에 대한 자부심으로 이어지고 있는 것이다. 국내 스타벅스 매장에서 일하는 여러 사람들과 이야기를 나누면서 직원들이 자신의 일에 강한 자부심을 가지고 있다는 것을 느낄 수 있었다. 아르바이트 직원들의 의견도 적극 수렴하는데, 이들이 제안한 아이디어가 채택되면 그에 따른 보상이 주어진다.

한편 '스타 스킬스'라는 프로그램을 마련해 상사와 부하 직원이 수직 관계가 아닌 수평 관계를 유지할 수 있도록 유도하고 있다. 이는 당사가 인력을 관리함에 있어 중요하게 여기는 부분 중의 하나이다. 이 제도에 따라 상사는 부하 직원에게 지시를 할 때 명령식으로 하지 않고 의향을 묻고 그 직원의 상황에 맞게 처리한다. 간혹 업무 도중 실수를 하는 경우에도 일방적인 문책보다는 대화를 통해서 융통성 있게 풀어나가고 있다. 서로 간의 갈등을 대화로 해결함으로써 자신이 상사로부터 존중 받고 있다는 생각을 심어주기 위해서다.

이런 분위기에서 일하는 직원들은 자신이 언제나 교환 가능한 소모품이 아니라, 꼭 필요한 존재라는 사실에, 스스로가 인정 받고 있다는 것에 큰 보람을 느끼고 만족한다. 그래서 매장에서 아르바이트로 일을 하다가 졸업 후에 정식 직원으로 입사하는 사람들도 있고, 친구나 가족들을 소개하여 함께 일을 하는 경우도 많다.

직원들이 스스로 만족하지 못하는, 어떤 자부심도 느끼지 못하는 조직은 존재 가치가 없다. 직원들이 회사에 대해 느끼는 감정은 고객들에게 그대로 전달되는 법이다. 고객들에게 신뢰를 받는 기업이 되고 싶다면 먼저 내 직원들이 회사에 대한 자부심을 갖도록 하는 것이 무엇보다 필요하다.

내부 직원이 자랑스럽게 일하도록 하라
스타벅스에서 일하는 직원들은 대부분 자신의 일터를 자랑스럽게 생각한다. 이는 회사의 정책이나 전략 방향에 대해 자유롭게 비판할 수 있는 분위기가 조성되어 있기 때문이다.

63

먼저 서비스맨이 되게 하라

어떤 음식점에 들어갔다가 불쾌한 경험을 하게 된다면, 아마도 다시는 그 곳을 찾지 않게 될 것이다. 그 음식점은 1명의 고객을 포함하여 상당수의 잠재 고객을 잃어버리게 된 셈이다. 이렇듯 고객의 경험은 그 업체의 생명과도 직결되는 결과를 가져온다. 사업의 성공과 실패 여부는 결국 최전선에서 고객들과 상호 소통하는 직원들의 손에 달렸다고 해도 과언이 아니다

특히 서비스업은 다른 업종에 비해 고객에 대한 서비스가 더욱 중요하게 작용한다. 스타벅스도 마찬가지이다. 고객에 대한 서비스가 직원들의 이익에 직접적인 영향을 미친다는 인식을 갖게 함으로써, 직원들 스스로 철저한 서비스 마인드를 가지도록 교육한다.

직원을 채용하는 과정에서부터 입사 후에도 직원들 스스로 지속적인 고객 서비스를 할 수 있도록 이끌고 있다. 가령, 신입 사원을 채용할 때 가장 우선 기준으로 삼는 것이 바로 웃는 얼굴 '스마일'이다. 서비스업이다 보니, 첫인상

이 가장 중요하므로 고객들에게 호감을 줄 수 있는 사람에게 높은 점수를 주게 된다.

또한 입사 후 실시하는 신입 사원 교육 과정에도 고객 서비스에 관한 내용이 별도로 마련되어 있다. 고객 서비스는 주로 고객에게 인사하는 법, 고객에게 불만 사항이 들어왔을 때 대처하는 요령, 까다로운 고객의 요구 사항에 맞추는 요령 등 언제나 일어날 수 있는 상황들에 대처하는 내용들로 구성되어 있다.

점포를 방문하여 상품을 구매하고, 서비스에 대한 대가로 비용을 지불하는 고객은 매우 소중한 존재이다. 만족스러운 서비스를 받은 고객이 잊지 않고 다시 찾아왔을 때도 변함없는 서비스가 이어져야 단골 손님으로 만들 수 있다. 그러려면 늘 밝고 청결한 점포로 꾸미고, 변함없이 따뜻한 정성을 담은 서비스를 제공해야만 한다.

고객 감동의 실현은 직원의 개인기에 달려 있다고 해도 틀린 말이 아니다. 그래서 직원을 선발할 때 서비스의 기질이 있는가 없는가도 중요하게 따지는 것이다. 이런 기질은 한 순간에 가르쳐서 되는 일이 아니므로 채용 시에 신중하게 고려하는 것이다. 또한 서비스하는 사람의 눈빛, 언어, 행동, 옷차림, 걸음걸이 등 서비스맨의 생활 자체가 하나의 상품이라는 사실을 주입시키며, 직원 개개인의 상품 가치를 높이기 위한 교육도 실시 해야한다.

고객 서비스맨이 되게 하라

과거에는 커피를 만드는 일을 주방장이 전담했지만, 스타벅스는 고객이 보는 앞에서 바리스타가 직접 커피를 만든다. 바리스타는 커피를 만드는 기술자이기도 하지만 고객 서비스맨이다. 기술자이기 전에 먼저 서비스맨이 되게 하라.

P E O P L E

64

고객에게 "예"라고 말하라

서울 강남구 신사동 네거리 골목에 민물매운탕 집이 하나 있다. 그 매운탕 집 주인은 주방 유리창에 "손님이 짜다면, 짜!"라는 문구를 커다란 붓글씨로 써놓고 장사를 한다. '손님은 왕'이라는 주인의 경영 철학을 엿볼 수 있다. 한번은 일식집에 가서 "생선회가 좀 이상하다"고 말한 적이 있는데, 그때 종업원은 "아니, 오늘 들여온 것인데 그럴 리가 없다"며 정색을 하고 반박했다. 매운탕 집이 일식집과 다른 점은 무엇일까?

고용주와 수직 관계에 놓여 있는 직원은 늘 회사의 방침만 고집하게 된다. 그러다 보니 제도가 어떻고, 시스템이 어떻고 하며 고객에게 부정적인 면만 부각시켜 관계를 악화시킨다. 반면 고객은 자신이 지불한 만큼 정당한 대가를 원한다. 그래서 기대했던 수준보다 낮은 서비스를 받게 되면 불만족스럽다는 표시를 강하게 하고, 기대했던 것 이상의 서비스를 받으면 만족하게 된다.

그렇다면 이런 상황에서 직원은 어떻게 대처해야 할까? 정답은 모든 시스템

스타벅스 감성 마케팅

180

을 고객 서비스 중심으로 바꿔가야 한다는 것이다.

스타벅스는 고객을 대할 때 무조건 '네라고 말하라(Just say Yes)'는 철저한 서비스 철학에 입각하여 다양한 소비자들의 욕구를 충족시키는 경영을 하고 있다. 일례로 음료의 온도까지 고객 하나하나의 취향에 맞춰서 주문할 수 있도록 함으로써, 그동안 천편일률적인 메뉴와 서비스를 받아왔던 고객들에게 높은 점수를 얻고 있다.

고객들의 이 같은 호응은 'Just say Yes'라는 철저한 서비스 정신에서 비롯된다. 고객의 취향이 충분히 반영된 커피와 고객의 이야기에 정성스럽게 귀 기울여주는 직원들의 친절함이 바로 여유와 공간이 묻어나는 공간을 창조하게 된 것이다.

이런 서비스 철학은 고객들의 생각까지 바꿔놓았다. 바쁜 아침 시간에 줄지어 기다리면서도 지루해하거나 화내지 않는다는 점이다. 기다리던 차례가 왔을 때 충분히 보상을 받을 수 있다는 믿음 때문이다. 고객을 향해 열려 있는 서비스에 만족한 고객은 커피 한잔에 점심 값을 기꺼이 투자하게 된다.

스타벅스가 "예라고 대답하라 Just say Yes"라는 캐치프레이즈를 내걸고 차별화된 서비스 정신을 보여주었듯이, 진정한 고객 감동 서비스를 하기 위해서는 나만의 특별한 서비스 철학과 고객의 마음까지 읽을 수 있는 고도의 기술이 필요하다. 단순히 서비스를 잘 해야겠다는 차원이 아닌 확실한 서비스 철학을 가지고 고객 서비스에 임해야 한다.

서비스란 고객을 만나기 전부터 준비해야 하며, 고객의 보이지 않는 마음까지 읽어내야 하는 고도의 감성 테크닉이다. 최상의 서비스는 항상 고객 입장에서 느끼고, 생각하고, 행동하는 데서 우러나온다.

긍정적인 기업 문화를 만들어라
고객을 존중한다고 하면서 손님의 잘못을 꾸짖는 매장이 있다면 손님은 그곳을 다시는 찾지 않을 것이다. 고객의 물음이나 요구에 미소를 띠고 긍정적으로 서비스할 수 있는 기업 문화를 만들어라.

65

고객과 대화하게 하라

마케팅은 고객과 기업 간의 끊임없는 대화를 통해서 발전한다. 그러나 요즘 기업들은 고객에 대한 진지한 이해와 대화의 노력보다는 광고와 판촉 등의 기계적 마케팅에 열을 올리고 있다. 그 결과 소비자들은 갈수록 기업들의 마케팅 활동에 만성화되어, 마케팅 효과를 거두지 못하고 있는 추세이다.

하워드 슐츠 회장은 기계적인 마케팅 대신에 고객과 대화하라고 조언한다. "우리는 단순히 커피라는 제품을 파는 것이 아니라, 서비스를 파는 것(selling)이고, 고객에게 진심으로 다가가는 것(acknowledgment)이다. 상점이나 식당에서 누군가가 당신의 이름을 기억하고 반겨준다면 어찌 특별한 감정을 느끼지 않겠는가!"

일반적으로 대형 마트나 슈퍼마켓에서 물건을 구입할 경우, 물건을 계산할 때를 제외하고는 매장 직원과 접촉할 기회가 거의 없다. 이와는 달리 스타벅스에 가면 대화를 나눌 사람들이 많다. '바리스타'라고 불리는 직원들이 고객 한 사람 한 사람을 위해서 커피를 정성껏 만들면서, 커피의 종류를 비롯하여 기원에 대한 설명까지 곁들이며 고객들과 즐거운 대화를 이끌어간다. 고객들과 대화하는 동안 자연스럽게 친밀감이 형성되는 것이다.

고객들은 흔히 계산대에서나 마주치는 직원이 아닌, 자신들과 대화를 나누면서 입맛에 맞는 음료를 제공해주는 격이 없는 직원들의 서비스에 만족하게 되고 다음 만남으로 이어진다.

고객들이 우리 회사의 제품을 어떻게 사용하는지, 무엇을 좋아하고

▲ 스타벅스의 바리스타들은 고객들과의 대화를 통해 제품에 대한 선호도를 파악함은 물론이고 자연스럽게 친밀감까지 도모하고 있다.

무엇을 싫어하는지, 그들이 바라는 것이 무엇인지 알기 위해서는 필히 대화를 나누어야 한다. 고객들이 부족하다고 느끼는 점이나 개선해야 할 부분에 대해, 현장에서 일하는 직원들이 누구보다도 먼저 알고 있어야 더 나은 서비스를 창출할 수 있다. 고객의 마음을 읽는 첫걸음은 대화를 통해 진심으로 고객을 이해하고 감사하는 마음에서 비롯된다.

공급이 주문량을 소화하지 못하는 호황기에는 주문만 받는 기업도 명함을 내밀 수 있었다. 그러나 공급이 넘쳐 나는 불황기에는 제품에 대한 풍부한 지식과 고객과의 대화가 고객을 붙잡는 기본 전략으로 작용하고 있다.

고객을 기억하는 것이 고객을 만드는 비결이다
고객과 눈을 마주치고 대화를 하라. 무엇을 좋아하는지 어떻게 만들어지기를 바라는지 대화를 통해 파악하라. 그리고 다음번에 다시 방문했을 때 알아보고 반갑게 인사를 한다면 그 고객은 분명 감동할 것이다. 이것이 고객을 만드는 비결이다.

66

서비스도 기술이다

어떤 일이든 처음부터 능숙하게 숙달되는 법은 없다. 부지런히 배우고, 보고, 연습하고, 지적을 당하고, 조금씩 경험이 쌓이면서 어느 순간 자연스럽게 프로의 틀을 갖추게 되는 것이다. 일류 서비스를 자랑하는 항공사나 호텔에서도 이런 교육을 철저하게 시킨다. 오랜 경험을 통해 기술을 연마해야 실력도 늘어나게 되는 것이다.

스타벅스에서 일하는 사람들도 마찬가지이다. 이 곳에서 일하는 사람들이라고 처음부터 모두 다 커피를 좋아하고, 커피를 잘 만드는 것은 아니었다. 고객에게 최상의 커피를 빠르게 서비스하기 위해 오랜 시간 이러한 과정을 수없이 반복해온 결과이다.

스타벅스에 입사하면 누구나 하루 8시간, 총 16일 과정의 집중적인 서비스 교육을 받아야 한다. 그 중 가장 중점을 두는 실습 과제는 현장에서의 시간 엄수이다. 고객이 커피를 주문하는 데서부터 커피를 만들고 서빙하는 순간까지 걸리는 시간은 길어도 1분 30초를 넘지 않아야 한다.

고급 원두를 즉석에서 갈아 진하고 신선한 향이 나는 커피(에스프레소) 1잔을 만드는 데 걸리는 시간은 22초. 여기에 생우유로 만든 크림 거품(카푸치노)을 첨가할 경우 추가로 60초가 소요된다.

따라서 고객이 다양한 향과 맛이 나는 커피 메뉴를 선택하고, 카페인(유·무), 농도, 시럽(바닐라, 초콜릿 등), 우유(지방, 저지방) 등 입맛에 맞는 커피를 주문하고 마시는 데 걸리는 시간은 단 1분 22초면 OK.

만일 아직 숙달되지 않은 훈련 중인 바리스타가 에스프레소 1잔을 뽑는데 18초 미만이거나 23초 이상이 걸린다면 추출 시간을 제대로 맞출 수 있을 때까지 몇 번이고 계속 시도할 것을 요구한다. 1분 30초 안에 완성되는 스타벅스만의 커피 맛과 향은 물론이고, 고객의 눈높이에 맞추는 친절 서비스까지 모두 담겨지도록 철저한 훈련을 받는다.

서비스 스킬을 몸에 익혀라

서비스도 기술이다. 서비스의 표준을 만들고 철저히 훈련시켜 몸에 익히지 않으면 품질이 유지되지 않는다. 고객의 주문을 받아서 1분 30초 안에 서비스하는 것. 이것이 바로 스타벅스의 기술이다.

67

바리스타는 훈련으로 만들어진다

"초콜릿 케이크를 디저트로 먹으려고 하는데 어떤 커피가 잘 어울릴까요?"
"손님들에게 과일을 곁들여서 대접하려고 하는데 어떤 종류의 커피가 좋을까요?"

일단 바리스타에게 물어보라. 바리스타(barista)는 이탈리아어로 '바 안에서 만드는 사람'이라는 뜻으로 요즘엔 일반적으로 커피를 만드는 전문가를 지칭한다.

스타벅스는 자사의 브랜드를 바리스타에게 맡기고 있다. 이들은 원두에서 커피를 추출해 다양한 맛을 연출하는 일부터 고객에게 커피 전반에 관한 상담과 조언을 해주는 일까지 전담한다. 바리스타는 커피 전문가이자 훌륭한 고객 서비스맨이라고 할 수 있다.

바리스타를 양성하기 위한 교육 프로그램은 크게 접촉, 발견, 반응 3단계로 나누어 실시한다.

첫 번째 단계는 '접촉'이다. 처음 방문한 고객을 차후에 다시 방문할 수 있게끔 만드는 데 중점을 둔 단계이다. 고객이 방문했을 때, 고객 스스로 자신이 환영 받고 있다는 것을 느낄 수 있도록 아이컨텍하는 기술을 배우는 과정이다.

두 번째 단계는 '발견'이다. 이 단계는 고객이 맛있는 음료를 주문할 수 있도록 알기 쉽게 설명하고 추천해주는 방법을 배우는 과정이다.

마지막 단계는 '반응'이다. 커피를 주문한 고객이 자신의 선택에 대해 괜찮은 결정이었다고 스스로 느낄 수 있도록 만드는 과정이다

고객의 주문과 동시에 바리스타의 빠른 손놀림이 시작된다. 커피를 분쇄기에 넣어 갈고, 이어 스팀 분출하는 소리가 들리면 레시피에 따라 원료를 배합한다. 능숙한 바리스타의 손놀림은 고객의 눈엔 일류 전문가의 면모를 보여주기에 충분하다. 분주하고 능숙하게 움직이는 바리스타의 모습을 보면서 손님들은 커피 전문가가 만들어주는 커피라는 사실에 수긍하며 만족하게 된다. 커피 전문가인 바리스타를 부각시키는 것은 고객의 입맛을 고정시키기 위한 전략 중의 하나이다.

예전에는 두루두루 넓게 아는 사람을 가치 있게 여겼지만 지금은 한 가지라도 제대로 알고 있는 전문가를 인정하는 시대이다. 그야말로 전문가 시대가 도래했으며 그들만이 성공할 수 있는 시대가 된 것이다.

기업도 마찬가지이다. 자사의 전문 분야에서 최고의 서비스를 제공하고 최고의 부가가치를 창출해내는 전문가들이 많이 모여 있는 기업만이 살아남을 수 있다. 그런 의미에서 전문가를 양성하는 일은 곧 기업의 내부 경쟁력을 높이는 일과 직결된다고 할 수 있다.

최고의 부가가치를 창출해내는 전문가를 만들어라
제품을 판매하는 것뿐만 아니라 고객에게 제품에 관한 상담과 조언을 해줄 수 있는 능력을 두루 갖추도록 한다. 제품의 전문가이면서 최고의 서비스를 제공하고 최고의 부가가치를 창출해낼 수 있는 사람이 되어야 한다.

68

신입 사원을 잘 길들여라

흔히 신입 사원 교육은 기업 교육 과정의 꽃이라고 한다. 그런 만큼 해당 기업들은 신입 사원 교육에 나름대로의 철학을 갖고 있다. 스타벅스 역시 자사의 기업 특성을 반영한 교육 프로그램을 지속적으로 개발하여 운영하고 있다. 서비스업종의 경우 고객을 직접 대면하므로 업무에 필요한 교육은 물론이고, 고객 서비스에 대한 전반적인 교육의 필요성이 절실히 요구된다.

스타벅스 코리아에서는 자체 교육 시설과 프로그램을 통해 신입 사원 교육이 이루어지는데, 아르바이트 및 정규 직원으로 나눠서 선발한다. 각각 2주, 4주간, 매장과 교육 센터(오전 9시~5시까지)에서 이론과 실습 위주로 교육이 진행된다.

이론 교육은 주로 커피에 대한 지식, 상품에 대한 지식, 고객 서비스 등에 관한 내용으로 이루어진다. 이러한 교육은 최고 경영주를 비롯하여 아르바이트까지 전직원이 반드시 거쳐가야 하는 필수 과정이다. 모든 직원들이 자사의 기업 문화와 업무에 필요한 지식들을 습득하게 되는 것이다.

신입 사원 교육 장소인 본사 2층에 위치한 교육 센터의 벽면에는 자유로운 필체로 쓴 커피 제조 비법들이 붙어 있다. 지하에는 매장과 동일한 스테이션을 마련해놓고 주문이 들어오면 커피를 뽑고, 배합하여 고객의 테이블로 나가기까지 실전과 똑같은 교육을 실시한다. 아울러 기계를 다루는 요령도 꼼꼼하게 교육한다.

신입 사원 교육에서 간과할 수 없는 부분이 바로 파트너십이다. 여러 사람이 팀을 이뤄 각자 맡은 역할을 충실히 하려면 동료들 간의 파트너십이 전제되어야 한다.

포스에서 고객의 주문을 받고 주문을 콜링하는 사람, 콜링에 따라 음료를 만드는 사람 등 각자 맡은 역할을 제대로 수행해야만 매장이 원활하게 돌아가게 된다. 이러한 점을 감안하여 교육 과정 중에 파트너 간의 팀워크를 다지는 과정도 포함되어 있다.

이러한 신입 사원 교육을 통해 사원들은 자신이 맡아야 할 업무에 대해 스스로 생각할 수 있는 기회를 갖게 된다. 실제 상황과 같은 여러 가지 과제나 실습에 임하게 함으로써 업무의 엄격성이나 매너의 중요성, 팀워크의 중요성까지 피부로 느낄 수 있게 훈련하는 것이다.

기업은 신입 사원 교육을 통해 새로운 인재가 앞으로 미래 지향적인 꿈을 구현할 수 있도록 이끌어주는 역할을 담당해야 한다. 그러기 위해서는 가능한 한 우수한 구성원들을 선발하여, 훈련과 교육을 시키고, 일하기 좋은 근무 환경을 조성하며, 고객을 다룰 줄 아는 교육에도 만전을 기해야 한다.

철저한 교육 훈련으로 서비스 표준을 익히게 하라
초일류 회사들은 신입 사원 때 철저한 교육을 통해 자기 회사의 품질과 서비스를 몸에 익히도록 한다. 모든 사람이 이론 교육과 실습을 통해 서비스 표준을 몸에 익힐 때 팀워크도 살아나게 된다.

PEOPLE

69

직원 교육에 투자하라

경기 침체, 내수 시장의 위축이라는 현실을 반영하듯 대부분의 국내 기업들은 비상 경영 체제를 선포하고 신입 사원 채용을 줄이거나, 최소한의 경비 지출이란 자구책을 총동원하여 위기 상황을 극복하는 데 총력을 기울이고 있다.

그러나 어려운 경기 상황임에도 불구하고 오히려 직원 교육에 투자를 집중하는 대기업들이 늘어나고 있다. 경기가 어려울수록 사람에 대한 투자를 아끼지 않는 것이 경쟁에서 살아남을 수 있는 유일한 방법임을 공감하기 때문이다.

이처럼 경쟁력 강화를 위한 직원 교육의 필요성이 확산되고는 있지만, 국내 업계의 '인적 투자'는 여전히 세계 수준을 밑돌고 있다. 미국 기업(1997년 통계)들은 직원 1인 당 연수 비용으로 연간 660달러, 일본 기업은 443달러, 유럽 기업은 884달러를 할당하고 있다. 이에 반해, 우리나라의 경우 그나마 직원 교육에 대한 투자가 가장 활발하다는 모 대기업이 370달러(1999년 통계)를 지출하는 정도이다.

이러한 현실에도 불구하고 스타벅스 코리아는 교육비만 연간 24억원을 투자하고 있다. 본점에 교육센터를 운영하고 있어 신입 사원 교육뿐만 아니라, 승진할 때마다 재교육을 실시하며, 직급에 따라 별도 교육을 병행한다.

승급 체계는 파트너→바리스타→수퍼바이저→부점장→점장→지역매니저의 체계를 따른다. 매장 직원들이 고객 서비스의 중요성을 잊지 않도록 하기 위해 연간 4회씩 직급에 맞는 재교육을 필수적으로 실시한다.

재교육은 주로 각 매장의 점장들이 강사로 나와 진행한다. 강사들은

▲ 스타벅스 코리아는 연간 교육비만 24억 원을 투자하고 있으며 매년 4회씩 직급에 맞는 재교육을 필수적으로 실시한다.

매장에서 실제 있었던 사례를 비롯하여 고객 불만 사항에 대처하는 요령 등 현장감 있는 내용으로 직원들의 재교육을 실시하고 있다.

회사가 필요로 하는 역량 있는 직원들을 확보하려면 그만큼 철저한 재교육이 뒤따라야 한다. 특히 직능, 직급에 따라 요구되는 수준이 다르므로 교육 과정도 이에 따라 다양하게 세분화하여 실시하고 있다.

대부분의 국내 기업들이 소리 높여 인재 양성을 부르짖다가도, 경기가 좀 어려워진다 싶으면 일차적으로 직원 교육과 연수 비용부터 줄이는 것이 현실이다. 재교육이란 것이 당장의 수익은 없어도 미래를 위해서 꼭 필요한 투자이고 저축임에도, 일부 기업은 어설픈 시장 원리를 들먹이며 연수원을 독립 채산제로 운영하거나 아예 폐쇄해버리는 어리석음을 자초하기도 한다.

세계적으로 우뚝 선 기업을 보면 인재의 확보보다는 유지와 육성에다 초점을 맞춘다. 새로운 우수 인력을 확보하는 것보다 이미 확보한 인력을 최고 인재로 육성하고 유지하는 것이 기업 경쟁력 향상에 훨씬 중요하게 작용하기 때문이다.

지속적인 교육으로 서비스를 업그레이드하라
실무 교육은 이론 교육과 달리 한번 배웠다고 그것이 유지되는 것이 아니라 자꾸 흐트러지기 쉽다. 신입 교육, 보수 교육, 향상 교육을 통해 계속 서비스를 업그레이드해야 한다.

PEOPLE

70

서비스의 표준을 만들어라

외식 사업이 사양 산업이라는 말도 있지만, 최근 들어 이 말이 무색할 정도로 많은 대기업들이 다양한 아이템을 내걸고 외식업 분야에 진출하고 있다. 이들 가운데 실제로 다른 업체에 비해 호황을 맞고 있는 업체들도 많지만 반면 어려움을 겪고 있는 업체들도 상당수에 이른다.

어려움을 겪는 업체들을 보면 십중팔구 허점이 보이기 마련이다. 예를 들어, 인건비가 싼 파트타임 직원들이 조리 및 접객 서비스를 하다 보니 상품성이나 품질면에서 고객의 기대에 못 미치는 경우가 많다. 고객 서비스가 우선되는 서비스업종은 특히나 직원의 역할이 중요한데, 직원의 행동에 따라서 고객이 느끼는 서비스의 질이 달라지기 때문이다.

그래서 기업에서는 일관된 서비스 품질을 유지하기 위해 자사의 특수성에 맞는 업무 매뉴얼을 작성하여, 직원들에게 반복적인 교육을 실시한다. 실천을 통한 서비스 체득을 생활화하기 위함이다.

스타벅스의 감성 마케팅 5P

스타벅스에서도 일관된 품질과 서비스를 유지하기 위해서 모든 사항들을 매뉴얼로 만들어 이에 준하여 서비스가 이루어진다.

매뉴얼에는 커피 제조법에 관한 다양한 내용이 실려 있다. 커피를 만드는 순서부터 맛있는 커피를 내리려면 어느 정도의 시간이 필요한지, 커피 제조에 필요한 부재료는 무엇인지, 각 원료의 배합 비율은 어느 정도로 해야 적절한지, 그리고 어떤 기계를 이용해서 커피를 만들 것인지 등 커피와 관련한 여러 가지 상세한 정보가 정리되어 있다. 이처럼 커피에 대한 제조법을 매뉴얼화해 놓았기 때문에 맛의 표준화가 가능한 것이다.

조리법이 매뉴얼되어 있다면, 어느 날 주방 직원이 예고 없이 결근하게 되더라도 당황할 필요가 없다. 상품의 순서나 배합 내용, 만드는 시간, 원가 내용 등을 적어놓은 매뉴얼을 가지고, 새로운 사람을 곧바로 교육시켜서 커피를 만들게 할 수 있으므로 맛의 변화를 예방할 수 있다.

매뉴얼은 단지 상품의 제조법에만 필요한 것은 아니다. 매장 내의 인테리어에서부터 직원들의 복장이나 차림새, 인사하는 법, 대기 중인 손님을 응대하는 요령, 불만 고객의 의견을 처리하는 요령 등 내부 운영에 필요한 내용들도 표준화된 규정이 필요하다.

스타벅스는 매장에서 일하는 직원들의 복장을 보면, 바지는 검정이나 베이지, 카키색으로 통일하고 상의는 흰색이나 검은색에 칼라가 붙어 있는 옷으로 규정하고 있다. 복장의 통일은 매장에 손님이 들어왔을 때 매장 전체의 일관된 이미지를 보여주는 역할을 한다.

복장 이외에도 고객을 단계별로 맞이하는 방법, 짜증내는 동료에게 용기를 북돋아주는 기술 등 세세한 모든 항목에 걸쳐 매뉴얼화 하고 있다. 이러한 매뉴얼화는 여러 차례의 시행착오를 거쳐 보다 합리적인 방향으로 수정된다.

이러한 매뉴얼화를 통해 고객들은 커피의 맛에서부터 전체적인 분위기, 고객 서비스에 이르기까지 일관된 서비스를 제공 받을 수 있다. 이것이 바로 서비스 매뉴얼의 위력이다.

그렇다고 매뉴얼에 의한 서비스가 만능 해결사는 아니다. 무조건적인 매뉴얼에 의존하는 기계적인 서비스나 표피적인 친절은 오히려 고객에 대한 불친절로 비춰질 수도 있다. 중요한 것은 틀에 박힌 차가운 매뉴얼에 인간의 따뜻한 감성이 녹아들어야만 고객 감동 서비스로 이어질 수 있다는 사실이다.

서비스 표준의 매뉴얼화로 직원을 교육하라
서비스 표준을 만들어서 이를 매뉴얼화해 직원을 교육시킨다. 또한 실제 서비스 과정에서도 균일한 품질이 나오도록 해야 한다. 그리하여 최종적으로 고객의 입맛에서 느끼는 품질이 다르지 않도록 항상 표준 맛을 유지해야 한다.

PART 3
스타벅스의
감성 리더십

71
감성이 감성을 낳는다

감성 마케팅의 핵심은 제품 마케팅에 비해 사람(people)을 더욱 중시한다는 데 있다. 감성 마케팅을 성공시키려면 먼저 감성 서비스를 제대로 할 만한 사람을 선발하고, 이들을 서비스맨으로 키워나갈 리더가 필요하다.

한 사람의 뛰어난 서비스맨이 기업에 미치는 영향은 엄청나다고 할 수 있다. 여러 고객에게 자신의 서비스를 전하는 것으로 고객들을 기분 좋게 만들 수 있고 나아가 기업의 이익 창출과도 직결된다. 유능한 서비스 리더라면 이처럼 뛰어난 서비스맨을 양성할 만한 능력을 갖추어야 한다. 뛰어난 서비스맨은 처음부터 타고나는 것이 아니라 시행착오를 겪으면서 만들어지기 때문이다.

진정한 감성 서비스를 원한다면 한 사람의 감성 서비스맨을 양성하는 데서부터 시작해야 한다. 한두 사람의 감성 서비스맨에 그치지 않고 수십 명, 수백 명의 감성 서비스맨을 키워내려면 리더가 감성 서비스에 관해 확실한 리더십을 갖추고 있어야 한다. 리더가 먼저 감성 서비스맨이 되어야만 또 다른 감성 서비스맨을 만들어 낼 수 있기 때문이다. 결국 유능한 리더가 서비스맨을 만들고, 서비스맨은 만족하는 고객을 만들고, 만족한 고객들은 기업의 이익을 창출하는 원동력이 되는 이른바 LSC(Leadership Serviceman Customer)의 사이클이 만들어지게 되는 것이다.

하워드 슐츠 회장의 이 같은 서비스 리더십은 미국 전역의 매장에 골고루 퍼져 있다. 그의 서비스 리더십은 한국에까지 전파되어 미국에서 맛 보고 느꼈던 분위기와 서비스를 그대로 유지하고 있다.

스타벅스가 한국에 진출할 때 가장 심사숙고했던 부분이 바로 합작 파트너의 서비스 리더십에 관한 것이었다고 한다. 즉 스타벅스가 만들어 놓은 문화나 서비스, 품질을 그대로 유지할 수 있는 파트너가 누구인가에 초점을 맞추었다.

결국 서비스 리더십을 제대로 이해하고 실행에 옮긴 전력을 높게 평가 받은 신세계 그룹을 최종 합작사로 결정하였다. 오랫동안 고객 존중의 정신과 최고의 서비스를 해왔던 신세계 그룹의 기업 이미지를 중시하였던 것이다.

합작사인 신세계 측은 직원들을 미국 본사로 보내 서비스와 품질 교육을 받게 하였고 점포를 개설한 후에도 제대로 실천되고 있는지 수시로 점검하고 있다. 스타벅스 코리아는 감성 서비스 리더십이 국내 모든 매장에서 실행되도록 계속적인 노력을 기울이고 있다.

서비스맨은 만들어진다
훌륭한 서비스맨은 태어나는 것이 아니라 만들어지는 것이다. 같은 사람이 하는 서비스라도 특급 호텔에서 근무할 때와 동네 식당에서 근무할 때 분명한 차이가 나는 법이다. 어떤 조직이든지 리더가 모범을 보이고 서비스 문화를 이끌어가야 한다.

72

비전을 사명으로 바꾸어라

하워드 슐츠 회장은 "비전이란 다른 사람이 미처 보지 못하는 것을 먼저 발견하고 깨닫는 것"이라고 말한다. 1983년 이탈리아 밀라노에서 열린 국제 가정용품 전시회에 참석한 그는 호텔에서 전시장까지 걸어가는 동안 작은 커피숍들을 보았다. 그곳이 에스프레소(espresso) 커피 전문점이었던 것이다.

손님의 주문에 따라 그 자리에서 맞춤 커피를 빠르게 만들어주는 커피숍이었고, 고객과 즐겁게 대화를 나누면서 커피를 만드는 사람 바리스타(barista)를 만났다. 그때 보았던 모습이 바로 현재 스타벅스의 원형이 되었다.

슐츠 회장이 밀라노에서 본 에스프레소 커피숍은 스타벅스의 비전이 되었는데, 사람들이 편안하게 모여서 공감대를 형성할 수 있는 로맨틱한 장소를 만드는 것. 이 비전을 미국으로 가져와서 그대로 재현시킨 것이다.

이탈리아에서 흔히 만날 수 있는 에스프레소 커피숍은 그곳을 방문한 사람이라면 누구나 한번쯤 보았을 것이다. 그러나 슐츠 회장은 대부분의 사람들이 그냥 흘려본 것을 하나의 비전으로 꿰뚫어 보았던 것이다. 그는 미국 사람들에게도 이런 공간이 필요할 것이라는 생각을 하게 되었고 그것을 사업 모델로 구체화시켰다.

그때 밀라노를 떠나 미국으로 돌아간 그는 자신이 구상한 청사진을 주주들에게 알리고 설득하고 직원들에게 보여주고 비전을 공유함으로써 오늘의 스타벅스를 만들어낼 수 있었다. 이처럼 비전을 제시하고 그것을 직원들과 공유하고, 이룩해가는 것이 바로 '리더십'의 실체라 할 수 있다.

비전만으로는 사원들의 열정을 끌어내기에 미흡하다. 이 비전이라는 것을 사원들의 행동 가치인 사명으로 바꿔놓아야 한다. 사명이란 미래를 이끌어갈 목적에 대한 감각이다. 사명은 행동의 기준이 되어야 하고 그것이 즐거운 작업이 될 때 엄청난 힘을 발휘하게 된다. 직원들의 열정적인 노력 없이는 고객의 마음을 사로잡을 수 없고 비전도 실현할 수 없다. 스타벅스는 커피가 중심이 되는 '제 3의 장소'를 만들기 위한 하나의 사명을 명문화하여 전직원들의 행동 기준으로 삼고 있다.

스타벅스 우리의 운명

- 훌륭한 작업 환경을 제공하고 서로서로 존경과 품위로 대한다.
- 비즈니스를 하는 방법에 있어서 다양성을 필수 요소로 포용한다.
- 최고 수준의 기술로 신선한 커피를 배달하고, 매입하고, 배전한다.
- 고객들이 항상 만족할 수 있도록 노력한다.
- 우리 사회와 환경에 적극적으로 공헌한다.
- 수익성은 우리 미래의 성공에 필수적이라는 것을 인식한다.

마음으로 일하게 하라
서비스맨의 마음이 담기지 않은 서비스는 고객이 금방 눈치 채고 만다. 고객을 진심으로 좋아하고 즐거운 마음으로 서비스할 수 있도록 서비스 철학을 항상 기억하라.

73

직영점으로 운영하라

스타벅스의 명성이 널리 알려지기 시작하자 스타벅스의 프랜차이즈 점포를 운영하고 싶다는 전화가 본사로 수없이 걸려온다고 한다. 그러나 전세계 7,000개의 매장을 비롯하여 국내 75개의 매장이 직영으로 이루어지고 있다. 스타벅스가 점포를 직영점으로 운영하는 데에는 몇 가지 이유가 있다.

첫 번째 이유는 최고의 품질을 유지하기 위함이다.

커피의 생두를 채취하고, 배전하는 과정에서부터 고객에게 한잔의 커피를 서비스하는 모든 단계까지 스타벅스 직원들에 의해서 관리될 때만이 품질을 유지할 수 있다는 믿음 때문이다. 처음에는 아무래도 생두의 질이 떨어질 우려가 높다. 생두가 잘못 배전될 수 있고, 자칫 버너 위에 커피 보트를 너무 오래 올려놓아 커피 맛을 형편 없게 만들 수도 있다. 커피는 특히 보관이나 운송 중에도 상하기 쉬운 제품이기 때문에 항상 위험이 따른다. 따라서 오래 보관된 제품은 과감하게 버려야 한다. 이러한 과정에서 어느 하나라도 잘못되면 결국 커피 고유의 맛을 상실하게 된다. 이렇게 까다로운 과정을 과연 대리점이나 제3의 사업자가 제대로 관리해 줄 것인가?

두 번째는 커피를 서비스하고 매장을 관리하는 사람들 때문이다.

고객과 1:1로 만나서 대화하고 서비스하는 사람의 자질에도 문제가 생길 수 있다. 그러므로 처음부터 사람을 좋아하는 인재를 선발하고, 채용한 뒤에도 철저하게 교육해야 고객들을 만족시킬 수 있는 서비스가 나올 수 있다. 뿐만 아니라 지속적으로 직원을 유지하고 관리하는 일을 소홀히 하면 고객 서비스는 한 순간에 무너지게 된다.

세 번째 직영점을 고수하는 이유는 품질과 서비스를 중요시하는 기업 문화를 만들 수 있겠느냐 하는 우려 때문이다.

스타벅스에서는 바리스타의 역할을 중요하게 생각한다. 그들에게 커피를 제대로 취급할 수 있는 방법뿐 아니라 고객에게 회사의 제품에 만족하게 만드는 기술도 가르치고 있다. 직원들 개개인이 회사의 비전과 가치를 분명하게 이해하고 있어야 고객에게도 올바른 서비스를 할 수 있기 때문이다. 이러한 생각을 망각한 채 직원을 중심에 두는 기업 문화를 만들지 못하면 일시적으로는 손님이 올지 모르나 이내 돌아서고 말 것이다.

한두 개의 점포가 호황을 누린다고 하여 사전 준비 없이 곧바로 여러 개의 점포를 만들어가다 보면 품질과 서비스 부분에서 문제가 생기게 마련이다. 프랜차이즈가 점포의 숫자를 짧은 시간 안에 늘릴 수 있는 장점이 있다면, 직영점은 품질과 서비스를 오랫동안 유지할 수 있는 장점이 있다는 걸 기억하라.

양보다는 질로 승부하라
제조업의 경우 자동화를 실시하년 품실의 균일화가 가능하지만, 이와 달리 서비스업은 품질의 기복이 심하다. 갑자기 양을 늘리면 질이 떨어진다. 반대로 질을 유지하면 판매량을 늘릴 수가 있다.

74

직원이 아닌 동업자로 만들어라

직원을 존중하는 스타벅스의 경영 방식은 유명하다. 클린턴 대통령 시절, 하워드 슐츠 회장은 이런 경영 방식에 긍정적인 평가를 받아 백악관으로 초대되어 대통령과 단독 면담을 갖는 영광을 얻기도 했다.

슐츠 회장이 직원을 위해서 노력한 몇 가지 사례들을 보자. 그는 회사를 처음 경영할 때부터 모든 직원들이 일하고 싶어하는 그런 회사를 만들어가길 원했다. 그러기 위해 다른 소매점이나 레스토랑에 다니는 사람들보다 더 양질의 대우를 해줌으로써, 고객들에게도 커피에 대한 열정을 기꺼이 전달할 수 있는 능숙한 사람들을 끌어들이고자 했다.

스타벅스는 당시 높은 의료 보험료 때문에 미국 내 대부분의 서비스 업체들이 보험 혜택을 꺼려하던 때에, 전직원을 대상으로 의료 보험 혜택을 제공하였다. 정규 직원뿐 아니라 파트타임 직원까지도 의료 보험 혜택을 주었던 것은 직원들을 단순히 고용인이라고 생각하지 않고 회사 경영의 동업자라고 여겼기 때문이다.

스타벅스가 처음으로 흑자를 냈던 1990년에는 그 이익을 직원들이 공유할 수 있도록 하는 방안을 찾아보라고 한 직원에게 지시하였다. 이 직원은 곧장 다른 회사의 사례를 조사하고 컨설턴트와 대화를 시도하는 등의 노력을 해보았지만 적절한 방법을 찾지 못했다. 그러다 그 직원과 지속적인 의견 교환을 하던 중에 찾아낸 방법이 '빈스톡(Bean Stock)'이었다. 이 제도는 스타벅스 직원을 사업의 동반자로 만드는 데에 결정적인 기여를 했다.

그 무렵 스타벅스는 비상장 회사였지만 그래도 직원의 기본급 수준에 따라 전직원에게 주식매수 선택권인 스톡옵션(Stock Option)을 주었던 것. 이후 직원들은 언젠가 상장이 되면 상당한 가치가 자신들에게 돌아올 것이라는 희망을 안고 전보다 더욱 열심히 일하는 분위기가 조성되었다.

빈스톡이란 이름도 처음 의견을 검토했던 직원의 아이디어를 그대로 받아들인 것이다. '콩 줄기'라는 뜻을 가진 빈스톡은 하늘까지 자란 잭의 콩 줄기를 연상시키는 재미있는 이름으로 탄생하였다. 빈스톡은 결국 회사를 성장시키는 콩 줄기가 되었고 직원들에게도 주주가 될 수 있는 기회를 안겨주었다.

고객을 직접 서비스하는 사람들의 발랄한 정서는 사업에 큰 도움이 된다. 직원과의 관계가 즐겁고 편안하면 고객들은 그곳을 커피 마시기 좋은 장소라고 생각한다. 그렇게 되면 금세 단골이 될 뿐만 아니라 다른 사람에게도 홍보를 해준다. 그러면 서비스를 하는 직원의 마음도 더욱 즐거워지고, 결국 고객 만족을 위해서 무엇인가 하나라도 더 해주고 싶어 적극적으로 나서게 된다.

서비스하는 것에 자신감을 갖게 하라
서비스업 종사자 가운데 의외로 낳은 사람이 서비스하는 일에 자부심을 느끼지 못하고 있다. 자신감이 결여된 서비스가 좋게 나올 리도 없고 고객 또한 좋아할 까닭이 없다. 고객에게 좋은 서비스를 하길 원한다면 먼저 직원들에게 자신감부터 갖게 하라.

75

IT로 감성 정보를 수집하라

고객의 입맛에 맞는 맛있는 커피와 신선한 패스츄리를 제공하려면 매장별로 재고를 줄이되 제때 원료가 공급되는 적시(just in time) 공급 시스템이 구축되어야 한다.

어느 매장에는 몇 시에 어떤 고객들이 주로 오는가? 그들은 주로 어떤 종류의 커피를 마시고 부대 상품으로는 어떤 것을 주문하는지를 알아야만 적시에 신선한 원료와 상품을 공급할 수 있다.

오피스 타운에 밀집되어 있는 점포, 극장이나 운동 경기장 근처에 위치한 점포 등 점포의 특성에 따라 요일마다, 시간마다 고객층이 다르고 그들이 찾는 음료도 다르다. 그렇기 때문에 고객의 정보를 실시간 파악하고 분석하여 마케팅 전략에 신속하게 반영해야 한다.

스타벅스 커피 코리아는 2001년부터 인터넷으로 매장 정보와 구매 정보를 온라인으로 연결하는 시스템을 개발하여 운영하고 있다. 매장에서 고객의 주문을 받으면 바로 포스(POS) 단말기로 입력되어 주문 정보가 곧바로 본사 데이터 센터로 전송된다. 본사의 스텝들은 각 매장의 주문 정보를 분석하여 잘 팔리는 상품을 파악하고, 매장별로 관련 상품의 구매 패턴을 분석한다. 이 정보에 의해 지역별, 매장별로 점포 운영 전략을 짜게 되고 상품 전략에 반영하게 된다. 전매장을 온라인으로 연결하여 수집한 정보는 전체 재고 관리로 연동되어 판매된 만큼의 재료에 대해서는 구매로 이어진다.

고객의 정보를 공유하게 하라

서비스업이나 판매업은 점포가 전국에 흩어져 있는 관계로 소속감이 떨어지고 정보를 공유하기가 어렵다. 그러므로 정보 기술을 이용하여 직원들 간의 정보를 공유하고 고객의 정보를 본사와 공유함으로써 일체감을 갖도록 해야 한다.

스타벅스 코리아의 매장 온라인 시스템

스타벅스는 매장에서 고객이 커피 한잔을 주문하면 그 데이터가 바로 실시간으로 본사로 보내지고, 이 정보에 의해 협력사의 구매 업무로 연결되는 전자조달 시스템이 구축되어 있다. 단, 이 시스템을 원활하게 하기 위해서는 다음과 같은 기본 요건들이 전제되어야 한다.

- 각 매장별 특성, 거래 조건 등을 독립적으로 관리할 수 있어야 한다.
- 인터넷을 이용하여 실시간으로 주문 접수가 이루어져야 한다.
- 매출, 구매, 재고 관리가 효율적으로 연결 운영되어야 한다.
- 협력사와 직거래로 효율적인 정보 관리가 되어야 한다.
- 각종 통계 자료의 시각적인 표현으로 경영 정보 지원이 가능해야 한다.

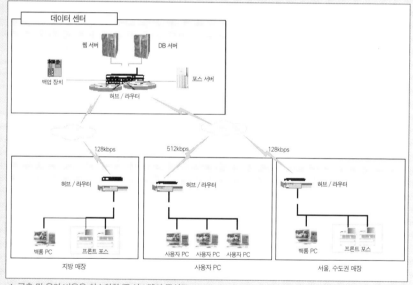

▲ 구축 및 운영 비용을 최소화한 IT 시스템의 구성도

76

직원을 신바람나게 만들어라

요즘 기업들에서는 신바람 경영, 재미있는 경영, 칭찬하는 경영 등의 이름으로 직원들에게 신바람을 불러일으키려는 노력을 하고 있다. 1980~90년대의 제조업을 중심으로 성장했던 때와는 사뭇 다른 분위기이다. 제조업에서는 그간 엄격한 통제와 표준을 우선시해 왔지만 서비스업에서는 창조와 감성을 중시하고 있다. 서비스업에서는 직원에게 지시하고 꾸짖는 것이 리더의 역할이 아니라 격려하고 재미있게 일할 수 있는 여건을 만들어주는 것이 더욱 중요하다.

서비스업의 특성상 고객 접점 직원이 1:1로 판매를 하고 서비스하기 때문에 직원들의 감정과 노련함이 그대로 고객에게 전달된다. 리더는 직원들의 마음을 헤아리고 그들을 따뜻하게 대해줌으로써 직원들로부터 스스로 고객을 만족시키고자 하는 마음이 생기도록 유도해야 한다.

미국의 한 유통 센터에서 32개 매장을 조사한 결과 고객 서비스에 적극적인 직원들이 많은 매장일수록 판매 실적이 높게 나왔다.

스타벅스에서는 사원들이 즐겁게 일할 수 있는 분위기를 만들기 위해 여러 가지 노력을 기울이고 있다. 그 중 하나로 전직원들이 고객들과 비슷한 나이 또래의 젊은이들로 이루어져 있다는 점을 들 수 있다. 현재 스타벅스 코리아의 직원은 대부분 30세 이하의 젊은이들로 이루어져 있다. 핵심 고객층이 직원들과 비슷한 나이 또래이다 보니 개중에는 고객으로 방문하다가 스타벅스가 좋아져서 정식 직원이 되기도 한다.

또한 비슷한 나이 또래의 직원들은 서로 부를 때도 이름이나 선배, 직책을 부르지 않고 닉네임을 정해서 부르기도 한다. 닉네임 제도는 특별한 원칙이 있는 것이 아니라 부르기 쉽고 다른 사람들이 기억하기 쉬운 이름으로 짓는 경우가 많다. 처음 국내 매장에서는 이름이나 호칭 대신 닉네임을 부르는 것을 쑥스러워 했으나 시간이 지나면서 점점 익숙해졌다. 이런 닉네임 제도는 직장 생활을 재미있게 만들고 팀 내에서도 서로를 인정하고 격려하는 분위기를 조성하는 데 일조를 하고 있다.

즐겁게 일하는 분위기를 조성하라

리더가 직원들을 모아놓고 무작정 고객에게 미소를 지으라고 강요한다면, 과연 그 직원이 마음에서 우러나는 미소를 지을 수 있겠는가? 즐겁게 일하는 분위기를 조성해주면 해피 바이러스가 고객에게도 자연스럽게 전달될 것이다.

스타벅스 감성 마케팅

77

컨셉으로 고객을 유혹하라

주변을 보면 여자들에게 인기 있는 남자가 있고 그렇지 못한 경우가 있다. 그런데 이상하게도 잘 생기고 돈이 많다고 해서 모두 인기가 있는 것은 아니라는 점이다. 외모와 재산은 변변치 않아도 사람을 끄는 매력을 가진 사람이 있는가 하면, 겉보기에는 그럴 듯해 보여도 시선을 끌어들이지 못하는 사람들도 있다.

한마디로 전자는 여성을 유혹하는 기술을 알고 있는 것이고, 후자는 그렇지 못하기 때문일 것이다. 이 유혹의 기술이 바로 컨셉(concept)이다. 이 책 첫 장에서 톰 크루즈의 '칵테일'이라는 영화를 언급한 바 있다. 톰 크루즈는 여성 고객을 끌어들이는 컨셉을 갖춘 남자였고, 그것을 무기로 칵테일 바를 번창하게 만들 수 있었다

요즈음 기업에서는 너나 할 것 없이 컨셉이라는 단어를 많이 사용하고 있다. 이 상품의 컨셉이 무엇이냐? 이 광고의 컨셉이 어떠하냐?라는 식의 질문이 쏟아지기도 한다. 컨셉의 사전적 의미는 '개념'이다. 마케팅에서는 '새로운 주

장', '상품의 사상' 또는 '상품에 비전을 반영하고 의미를 부여하는 것' 등으로 정의한다.

컨셉은 기업이나 상품이 고객에게 이야기하고자 하는 메시지이고 고객을 끄는 이미지이다. 즉 기업이 소비 대상으로 잡은 목표 고객에게 전달하고자 하는 이미지를 말한다. 컨셉은 물론 상대적인 개념이다. 따라서 타사와 비교해서 특징이 뚜렷한 점포, 차별화된 제품을 만들어야 한다. 사람을 비유할 때도 이미지가 색다른 사람을 일러 '컨셉이 강하다'고 표현한다.

스타벅스는 감성적인 여성들에게 컨셉이 강한 점포이다. 기존의 평범한 커피 전문점과는 다르게 이탈리아식의 카푸치노라든지 카페라떼와 같은 색다른 커피를 고객에게 주문 받아서 그 자리에서 즉석으로 만들어서 제공한다.

서비스를 하는 방식도 기존의 커피숍과는 많이 다르다. 바리스타라는 커피 전문가가 고객과 대화를 하면서 까다로운 고객의 입맛까지 맞추려고 애쓴다. 점포의 분위기도 기존의 커피숍과 확연히 비교가 된다. 커피 향기가 매장 안에 가득하고, 편안하고 부드러운 재즈의 선율이 전체 분위기를 압도한다. 이 모든 면면들이 스타벅스의 새로운 제안이고 컨셉이다.

자동차 회사에서 미래의 새로운 자동차를 디자인할 때 컨셉카(concept car)라는 말을 쓰는데 이는 자동차 회사의 새로운 주장이다. 이 새로운 주장이 어떤 고객을 위한 것이고, 그 고객이 과연 새로운 컨셉을 의도한 대로 받아들이겠는가? 기업이 주장하는 컨셉은 소비를 주도할 목표 고객들이 받아들였을 때만이 의미가 있는 것이다.

커피에 대한 스타벅스의 새로운 컨셉은 목표 고객에게 매우 유효 적절하게 받아들여졌다. 스타벅스의 새로운 커피 문화에 대한 컨셉은, 목표 고객들이 자신들의 라이프 스타일로써 그대로 보여주고 있다.

목표 고객인 젊은 여성들은 한 손에 휴대폰을 들고, 다른 손에는 초록색 로고가 선명한 스타벅스의 컵을 들고 거리를 활보한다. 또한 커다란 통 유리창을 통해 밖이 훤히 보이는 창가에 앉아 책을 보면서 조용히 앉아 있는 여인의 모습을, 노트북 PC로 무엇인가 열심히 두드리는 프리랜서의 모습도 흔히 볼 수 있다. 스타벅스는 이런 고객들을 목표로 삼아 새로운 컨셉으로 유혹하였고, 이들은 그 달콤한 유혹에 깊이 빠져들고 있다.

이 책은 스타벅스가 하나의 컨셉으로 고객을 유혹하는 77가지의 감성 마케팅에 대해 소개하고 있다. 마지막으로 77가지의 감성 마케팅을 한 장의 컨셉 트리(concept tree)로 정리하면 다음과 같다(다음 페이지 참조).

컨셉이 고객을 끄는 마술이다

사람들은 종종 "나는 왠지 그곳이 마음에 든다"라는 말을 한다. 그 '왠지'라는 것이 바로 기업들이 만들어내는 컨셉이다. 스타벅스는 이탈리아풍의 커피 문화를 만들어서 젊은 여성들을 유혹했고 고객들은 그 달콤한 유혹을 음미하며 즐기고 있다.

스타벅스의 감성 마케팅 컨셉 트리

고객 이미지
- 개성을 추구하는 여대생 (20대 여성)
- 해외여행 경험이 있는 젊은 세대

고객 이익
- 자신만의 공간
- 자유롭게 대화
- 해외에서 경험한 커피 맛

입지 이미지
- 이대앞
- 대학로
- 프레스센터
- 명동역

고객 서비스
- 창가쪽 1인 좌석
- 자유 공간
- 바리스타
- 테이크아웃 서비스

고객 시나리오
- 창가에서 음악을 들으며 혼자 책을 본다
- 커피 향이 나는 포근한 소파에서 친구와 부담없이 대화한다
- 여자친구와 극장가기 전에 만나서 영화 이야기를 하며 즐긴다

목표 컨셉
- 세계 최고의 커피를 주문하여 직접 에스프레소 방식으로 즐길 수 있는 커피숍
- 혼자 있을 때는 편안히, 친구와 같이 올 때는 즐겁게 대화할 수 있는 커피숍

```
┌──────────┐      ┌──────────┐      ┌──────────┐
│  신세대   │      │ 자유 직업가│      │ 아침 일찍 │
│  직장인   │      │ & 보보스족│      │ 출근하는  │
│          │      │          │      │  직장인   │
└────┬─────┘      └────┬─────┘      └────┬─────┘
  ┌──┴──┐          ┌──┴──┐              │
┌─┴──┐ ┌┴───┐   ┌─┴──┐ ┌┴───┐       ┌──┴───┐
│친구와│ │독특하고│ │다양한│ │노트북 │       │간단한 │
│여유로운│ │멋있는 │ │커피 선택│ │PC 이용│       │빵과 커피│
│대화 │ │장소  │   │    │ │    │       │      │
└────┘ └────┘   └────┘ └────┘       └──────┘
```

강남역	삼성역	코엑스	역삼역	광화문

고객 맞춤 커피	무선랜 서비스	포인트 제도	패스 츄리

직장 동료와 점심 식사 후 맞춤 커피를 테이크아웃 하여 마신다	여기저기 뛰어다니다가 짜투리 시간에 무선랜을 이용하여 업무를 본다	일찍 출근하여 회사 근처에서 여유로운 아침을 시작한다

고객의 5감을 만족시켜주는 문화가 있는 커피숍	젊은 여성들이 한 손에 휴대폰을 들고 다른 손에는 테이크아웃 커피잔을 들고 거리를 활보한다